1 MONTH OF FREE READING

at

www.ForgottenBooks.com

By purchasing this book you are eligible for one month membership to ForgottenBooks.com, giving you unlimited access to our entire collection of over 1,000,000 titles via our web site and mobile apps.

To claim your free month visit:

www.forgottenbooks.com/free983528

* Offer is valid for 45 days from date of purchase. Terms and conditions apply.

ISBN 978-0-332-67292-2
PIBN 10983528

This book is a reproduction of an important historical work. Forgotten Books uses state-of-the-art technology to digitally reconstruct the work, preserving the original format whilst repairing imperfections present in the aged copy. In rare cases, an imperfection in the original, such as a blemish or missing page, may be replicated in our edition. We do, however, repair the vast majority of imperfections successfully; any imperfections that remain are intentionally left to preserve the state of such historical works.

Forgotten Books is a registered trademark of FB &c Ltd.
Copyright © 2018 FB &c Ltd.
FB &c Ltd, Dalton House, 60 Windsor Avenue, London, SW19 2RR.
Company number 08720141. Registered in England and Wales.

For support please visit www.forgottenbooks.com

AS PATEADAS DE THEATRO

INVESTIGADAS NA SUA ORIGEM,
E CAUSAS.

POR

JOSE' AGOSTINHO DE MACEDO.

Ego te intus, et in cute novi,
Eu conheço-os por dentro, e por fóra.
                             Persio Sat. 1.ª

LISBOA: 1825

NA IMPRES. DE JOÃO NUNES ESTEVES.
Com licença da Mesa do Desembargo do Paço.

Vende-se na sua loja Rua do Ouro N. 234.

Á SOMBRA DE CERVANTES.

*I*Llustre Sombra, fizeste rir, e triunfaste. A mais grave Nação da Europa gemia oppressa debaixo dos irrisorios Fantasmas da Andante Cavallaria; tu a salvaste, pintando-lhe hum fantastico Cavalleiro. A minha Nação geme oppressa debaixo do pezo immenso de parvoices theatraes; com o teu exemplo eu a procuro salvar. Dedico-te este ensaio, talvez não inferior aos prodigios de teu engenho. Se nelle não te igualo, por certo ha, entre as minhas, e tuas circumstancias grande analogia. Tu morreste de fome em Sevilha, e eu..........

Lisbóa 14 de Julho
de 1812.

AS PATEADAS DE THEATRO.

Et humanas motura tonitrua mentes.
Ovidio.

Carta, que serve de Introducção.

AMigo do coração: muito estreito era o circulo das minhas idéas, e conhecimentos, em quanto vivi confinado nessa tranquilla, e ignorada Aldêa! Apenas sentia a existencia, e todos os meus prazeres se limitavão ao sentimento simples da existencia! Os meus prazeres erão rusticos, e grosseiros como eu, e o nosso paiz. Só do S. Martinho em diante, até ás fronteiras do Entrudo, eu conhecia huma parte da Filosofia corpuscolar, tão seguida pelo calvo Epicuro, quando os grunhidos dos sangrados porcos me annunciavão, que os seus tostados lombos hião ser lastro do requestado Feitoria, que do mesmo S. Martinho em diante hia tomando sua aromatica, e cordial consistencia, tanto mais agradavel á minha alma, quanto mais penetrante era o frio do tempestuoso Dezembro, e desabrido Janeiro! Vim para a Corte, e prazeres, senão tão solidos, ao menos mais finos me cercárão. Fallo dos prazeres intellectuaes pelos olhos, e pelos ouvidos, onde se espiritualisavão, tão superiores ás delicias do paladar, quanto vai de hum espectaculo theatral á grossaria de hum lombo de Porco, e hum cangirão do que he capaz de passar vinte vezes a Linha, sem se fazer vinagre. O Theatro me tem feito esquecer de tudo, até dos pleitos pendentes, que aqui trago, que levão geito de se acabar quando resuscitarem os vivos e os mortos. Huma vista pedida, e dada, leva a vida de hum homem; e, já que de dia não vejo fim ás demandas, de noite ao menos vejo comedias, onde as parvoices não levão tambem geito de se acabar. Perdi huma longa parte da minha melhor idade no estudo das regras da arte dramatica, para as vêr desconformemente atropeladas nas Peças de nova invenção, com que têm reduzido a humana paciencia a pó impalpavel, e imperceptivel. Com tudo, nem sempre os abrilhantadores de profissão pejão a scena, ás vezes apparecem cousas, que não parecem ser filhas legitimas da loucura, e da ignorancia, algum bestunto se lombriga em seus auctores, quem quer que elles sejão, que quasi nunca apparecem, temendo levar nas ventas alguma daquellas trovoadas, que, conforme o espirito do meu texto, tanto agitão, commovem, e assarapantão os humanos sentimentos. Mas nestas mesmas composições, onde de todo o bestunto, ou sizo commum não está suffocado, ha huma grande infelicidade, e o maior obstáculo para seu bom exito, acceitação, e applausos, que vem a ser a insufficiencia, a incapacidade, a preguiça dos actores, vulgo comicos, e algum dia em tempo de nossos Pais, comediantes, porque se ha verdadeira Comedia no mundo feita, e acabada são elles, e ellas. Huma Tragedia de Alfieri, ou de Graneli, nas mãos desta gente, he o perfeitissimo ranho em parede. Quando a cousa he do genero, a que se chama baixissimo, e rasteirissimo cómico, então vai a prelenga menos mal, porque estão no seu elemento: tenho visto representar ladrões, como v. g. na Comedia chamada *Roberto*, com tantas propriedade, que não o veriamos melhor se os encontrassemos em Espinhaço de cão, ou na charneca de Montéargil; e, na verdade, sem me cegar a preocupação nacional, ou amor do Paiz, nestes caracteres levão os nossos Comediantes vantagem visivel a todos os Comediantes da terra. Destes Télefos e Peleos não poderia dizer Horacio que riria, ou dormitaria, se os visse representar, ou declamar mal o que se lhes havia encarregado — *male si mandata loqueris*. São eminentissimos em desempenhar os caracteres acima mencionados. A pezar disto, meu amigo, eu tenho observado estranhissimos fenómenos theatraes, problemas irresoluveis aos Euléros e Leibnitz da platéa. Apparece nas taboas hum destempero como a *Preta de talentos*, que era a mais perra, anôa, e buçal de todas as negras do Monomotápa, como vos disse na minha primeira carta, levou como merecia huma roda de páo e soáva o convez; e porão daquella escangalhada barca chamada 'theatro, como podia soar a náo Vanguarda na batalha de Aboukir. Appareceo alli Themistocles capado em Portuguez bastardo; a mesma tempestade se fez ouvir, e erão tão grossos os trovões, que o não deixárão passar do 2.º Acto. Appareceo Egas Moniz, e logo á 3.ª scena, apenas a desditosa Mafalda tirou a carapuça diante do throno do Rei de Leão, hum arruamento inteiro de caldeireiros, e outro arruamento de Tanoeiros, em occasião de préssa de obra, não feririão com mais estrepito as quietas estrellas: houve banco naquella circumspecta sala, de que se não pôde tirar mais huma fasquia. Saltou hum estilhaço de frizura em cima do Rabecão grande, que estoirou com tamanho estampido que eu, que o via, tremendo-me as carnes, assentei que Rumecão dava de novo fogo á Peça de Dio. O panno por si véio abaixo, e não me admiro de lêr nos *veridicos* Historiares Gregos, que as mulheres parião pelos camarotes ao apparecimento das Furias na Tragedia de Euripides; houve por cá outros fenómenos mais espantosos, e que custárão muita a alimpar no dia seguinte; porque, se os deixavão estar, ninguem pararia no Theatro. Emfim, appareceo *Tramacia, Selira, Nuno Gonçalves de Faria. Luiz 14.º*, etc. e estou lembrado que ao apparecimento da Tramacia houve na Platéa hum tal rumor subterraneo, que alguns velhos disserão, que tinha sido menor o do primeiro de Novembro de 1755. Ora que este fosse o applauso, que estas anonymas composições levassem, não me admiro, porque o merecião; mas que outras que o não merecião levassem o mesmo, eis-aqui o que me fez entrar em profunda contemplação, e meditação sobre este tão estranho objecto. He hum problema difficil, que custa mais a resolver, que a determinar todas as propriedades das curvas. Mas que não póde o trabalho! E ainda mais, tudo

Vincit amor Patriæ, laudumque immensa cupido.

Eu entrei affoito nesta empreza, e me parece que alguma cousa aproveitei, e que o meu nome daqui a annos voará par dos nomes dos grandes inventores, e que com elle augmentaria Polidoro Virgilio o seu catalogo, se vivesse. Talvez eu seja lembrado como o profundo Alemão Kepler, o meditador Newton, o espreitador Galileo: o que eu achei he mais alguma cousa, que a lei geral do movimento dos astros, que as duas oppostas forças, com que assentárão de dizer que tudo se fazia em a natureza, que os Satellites de Jupiter, chamados as Estrellas Mediceas. Eu achei mais que tudo isto, eu descobri verdades de huma utilidade mais real para o genero humano, eu augmentei a massa dos conhecimentos, eu alarguei o circulo das verdades demonstradas, eu o digo de huma vez, eu achei, e o digo com mais basofia que Archimedes, e que Pythagoras com o achado da Hipothenusa, eu achei a origem, a causa, e os effeitos das Pateadas de Theatro.

Não se pôde duvidar, meu amigo, que a grande República das letras, com especialidade nesta Colonia, que se chama Lusitania, está falta, ou balda de livros elementares sobre certas artes e Sciencias; e parece que tanto mais importantes são estas Sciências, tanto mais sensivel he a falta dos Livros elementares. Eu julgo que não he menos importante a Sciencia de abbreviar os dias da vida, que a Sciencia das Pateadas de Theatro. Já que temos Elementos de Chimica, de Pharmacia, de Therapeutica, de Pathologia, porque não teremos tambem hum livro Elementar de Pateadas? Não sou tão presumpçoso, que me atreva a dizer que quero fazer este beneficio ao genero humano, de lhe dar hum Tractado Elementar completo da Pateação: isto não he obra, nem de hum homem só, nem de hum só seculo; e desta importantissima Sciencia, eu posso dizer com mais razão que o agudissimo, e caustiquissimo Seneca da Sciencia Astronomica *Ad tantorum inquisitionem aetas una non sufficit,* sim, eu não me atrevo a tanto, e muito mais, sendo eu o primeiro. Esta Sciencia importantissima deve ser hum legado, que se vá transmitindo de mão em mão, de idade em idade, de seculo em seculo; e que, á semelhança de hum rio, que, como diz o fecundo Ovidio =*vires aquirit eundo,*= se vá gradativamente engrossando até que em tardos séculos hum Genio, tão feliz, como o do Napolitano João Baptista Vico, ache as causas primordiaes desta Sciencia, e, enriquecido com os despojos dos outros, derrame a desejada luz no Mundo com o Tractado completo Elementar das Pateadas. A mim me fica a gloria de ser o primeiro, que o tente; hum Colombo virá que se aproveite das minhas memorias e roteiros, como o Colombo se aproveitou dos que bifou ao Piloto Portuguez na Ilha da Madeira. Eu vou apresentar as primeiras memorias. Gosto muito do methodo mathematico, com elle Descartes destruio o edificio da antiga ignorancia, para abrir, e bater a nova estrada ao conhecimento da verdade. Das simples definições em Geometria se caminha ao conhecimento das mais altas verdades em Geometria transcendente; e da definição de ponto, e virgula, ou de ponto, e linha, caminhou Newton ao conhecimento das forças, que não deixão abalar os Planetas pela tangente para nos deixarem ás escuras: por tanto as minhas memorias começarão por huma simples, e necessaria definição; da qual pende toda a grandeza, e perfeição deste maravilhoso edificio. Ei-là.

Que cousa he Pateada?

Pateada he hum movimento espontaneo de pés, bordões, cacheiras, taboas, e assobios, feito na Platéa pelos Senhores Espectadores, de que resulta huma assoada, açougaria, matinada, e ingrezia confusa dada nas bochechas aos cómicos, para se lhes dizer com toda a civilidade que, o que estão representando, ou acabão de representar, he huma completa parvoice, huma manifesta pouca vergonha, ou hum solemne destempero.

Esta he, meu amigo, a definição Logica, com o seu genero, e differença, para se não poder confundir com outra qualquer matinada, que se escute, ou na Ribeira das Náos, ou ao apparecimento de huma manga de esfarrapados protectores; e vós bem vêdes que com esta cathegorica definição eu dou lugar às investigações dos investigadores futuros sobre as causas, e propriedades deste fenómeno dramatico em o Theatro moderno. Ora como eu tenho sido não só espectador, e ouvidor, mas também cumplice neste fatal bombardeamento, e as minhas meditações se tem adiantado muito sobre este tão importante, relevante, interessante, e scientifico objecto, e, segundo o methodo de Descartes, apontado de primeiro pelo grande Bacon de Verulamio, amaneira de conhecer a fundo as cousas, he dividi-las por huma circumstancia da analyse, eu vos tractarei neste meu primeiro, e debil ensaio das diversas especies de Pateada, debaixo sempre da definição geral de Pateada, que acima deixei como baze de todos os meus progressos nesta vastissima Sciencia, em que já agora se consumirão os restos da minha cadente idade.

CAPITULO I.

Da Pateada simples.

ESta doença tem seus prognosticos, e, para a conhecer, cumpre observa-los, e junta-los com exactidão. Está em scena o — Marido Mandrião — Peça traduzida do Francez *Le Mari insouciant*, e dada por original, por hum genio abrilhantador. Feridos que sejão os timpanos dos assistentes por huma, segundo o costume, desafinadissima gaitada de rabecas, engrossada a atmosféra theatral com o denso, e fedorento vapor de cebo, e azeite de peixe, ao som de hum agudo apito, como se aquillo fosse alcatêa de Ermitões de charneca, vai o pingado, e esfarrapado panno acima, em que eternas teâs de aranha fórmão ou barambazes, ou bambolinas; apparece engasgada Actriz com hum olho na frisura tal, outro no banco tal, outro por toda a platéa tal, e outro lá para onde a ella lhe parece. Abre a bôca, depois de a abrir primeiro o alambazado ponto, que grita mais do que ella, olha para ella, que já faz acções com os oscarnados braços, sem ter proferido palavra, e diz — A flor, que abre o Calix ao orvalho do meio dia, quando a noite com pinceis divinos pesponta o quadro da madrugada, a minha virtude, bé como a minha virtude, e as ávesinhas misturando o seu sussurro com o canto das fontes, ficão em jejum até a noite... tal he o patriotismo de amor. — A estas elegantes clausulas se observa já hum *morno* silencio pela platéa, pouco a pouco se interrompe com hum daquelles abrimentos de bôca fataes, que não passão da primeira letra vogal... a, a, a, a, a, a, a, Já nesta crise está conhecida a enfermidade, e he aguda. A Actriz gelada faz huma pausa, esperando palmada na sua *sortida*, (termos tecnicos que hirão explicados nos grandes corollarios destas minhas primeiras linhas do Processo pateal) olha para o bastidor, e diz-lhe de lá o inquieto contra-regá — Menina, direita alta, e já ella não sabe de que Freguezia he. Debalde o arrojado da Actriz timido, e encolhido quer soltar a voz do canto da platéa inferior, e apresentar-lhe hum comedido = Brava = O silencio universal o contém, e só diz no seu coração = O vulgo he estupido, e não conhece o merito de quem tão bem entra no caracter de assorda = A pasmaceira geral continúa, hum frio de morte se começa a descobrir no afilado nariz do primeiro Actor que apparece. Elle vem, elle grita, elle esgana-se, elle torce-se, elle esganiçase, elle diz = Os Numes que tocão os foles na Officina de Vulcano, ajudem os hàlitos da Primavera; o Marido mandrião não acha horas de se levantar da cama, Marfira a estas horas tem vindo da Praça, e jà tem a couve migada, os tomates promptos, e a panella escumada = Moita; o mesmo silencio, signal evidentissimo de morte. Acaba-se ó 1.º Actó. He o silencio dos Tumulos, a Platéa ergue-se toda, vira de rumo, dà; ou a pôpa, ou o costado ao viveiro das Cigarras, que se chama Orchestra; pássa a primeira revista geral aos camarotes, fuma, grita, vem hum Actor besuntão deitar a estólida cabeça por hum buraco do panno, diz para dentro que o caldo se vai entornando, que os ares se começão de turvar, que a Peça se enterra; sôa o apito, vira a Platéa à proa, pouca gente està jà sentada, apparece o primeiro Bufo caricato, traz bigodes, sobrolhos postiços, e diz com muita graça para Micaéla: ó Micaéla teu pai morreo enforcado? Não Senhor, diz Micaéla, meu pai foi Vereador. Moita. A Platéa està salpicada, quasi tudo pedio senhas, e deo comsigo no

Botequim a naufragar em ondas de Ponche, e a preparar o cartuchame para a descarga final. O doente vai estando em perigo, o onzeno chega, o 3. Acto vai dando os ultimos arrancos, os Actores todos metem em linha a hum de fundo, tremem-lhe as nadegas como varas de aveleiras, acotovelão-se; e a 1ª Actriz, que ha de dizer com a ultima discrição = Passa a virtude para as mãos da virtude = engana-se, e, sem que o ponto lhe diga nada, diz ella = *Resquiescat in pace.* Não se espera por Amens, o panno ainda está em cima; e, como se fosse morte de Patente, salva Bum, um, um.... Fazem os cómicos huma cortezia com hum ar de humildade tal, que córta o coração. Segunda salva. Bum, um, um; com as cabeças baixas, e alguns de menos vergonha, sem darem a pôpa, vão os cómicos recuando, já o panno vêm de esguelha quasi cahindo, inda se vêm as canellas, a inda se vêm os pés das Cómicas, eis a terceira salva final — Bum, um, um.... cahio de todo o farrapo, e nas doiradas abobadas ainda se reproduz o fatal ecco.... Bum.

Taes são, meu amigo, as minhas

observações sobre a Pateada simples, que por muito vulgar, e ordinaria já não admira. Esta grande, e alentadissima materia, passando daqui a hum seculo para as mãos do Filosofo observador, e tão feliz que possa conhecer as causas das cousas, servirá de introducção ao grande Tractado elementar desta grande Sciencia, Tractado que falta na verdade na grande somma dos conhecimentos humanos. Eu não posso mais que ajuntar factos, e as primeimeiras observações, ellas se dilatarão ainda algum dia. A Aurora vai apparecendo. Ao meu primeiro impulso se vão retirando as sombras. Oh tu, Genio, que os Fados reservão para esta grande empreza, possas tu não tardar sobre o horizonte das letras, eu te saudo; recebe das minhas mãos, como tributo de veneração e respeito devido á tua superior esfera, este primeiro resultado das minhas observações, tu acopilharás este tronco, este madeiro, este tóro inculto; possas tu ser o Fidias, que tire deste calháo, com que te convido, hum Jupiter acabado, ou hum cavallo como os cavallos, que estavão em Monte Cavallo e agora estão em Paris.

CAPITULO II.

Da Pateada mixta.

Vós bem vêdes, meu amigo, que eu vou progredindo do simples para o composto, e que, com hum passe natural, eu me avanço da Pateada simples para a Pateada mixta. Já isto envolve em si maior difficuldade, exige hum Genio mais observador, mais penetrante, mais Filosofico: necessita-se da grande arte das combinações entre objectos disparatados, necessita-se de huma Ariadne, que me dê hum fio neste labyrintho já que me metti a Theseo para dar cabo de tantos Minotauros. A minha Ariadne tem sido o meu cruzado novo, e a minha paciencia. A Pateada mixta he como hum enigma, hum composto heterogeneo, como era o Minotauro, hum composto de boi, e de homem. Vêde, meu amigo, como entre a confusão de palmas e estoiros poderá conduzir-se hum espirito como o meu, vendo muitas vezes equilibradas as palmadas, e as cassoadas; os applausos, e os coices, os bravos, e os assobios!

Nunc opus est animo, Ænea, nunc pectore firmo.

Eu não faço mais que ajuntar memorias, e por tanto ouça-me. Está em scena — Os Disfarçados. A peça he huma lástima, mas o Pai da Peça tem hum partido dentro, e fóra da caixa do Theatro. No primeiro ensaio os cómicos tibios lhe descobrem symptomas de gangrena, e o ponto que circumspectamente a observa, diz com aquella roliça penetração, que a experiencia lhe tem dado — Vai a terra — os ensaios continuão em ancias, e na vespera da fatal representação faz-se a prova geral, mettendo-se em scena. As Actrizes mastigão rebuçados, chimpão-se no camarim, e para apparecerem he preciso gritar por ellas! D. Adelaida! D. Felismena, D. Carolina, D. Suzana, D. Florinda! Tracta-se dos fataes Cartazes, ou verdadeiramente cartéis de desafio, o Genio creador não he ouvido, busca-se o Genio cartazeiro, Doutor em vermelhão, e letras gordas, arma-se o triste aranzel. Gaba a noiva o mesmo Pai, que a quer casar, depois de inventado o titulo, (de chamar, dizem elles, e tambem he termo tecnico) vai de antemão o que se chama o *cavaco*. O Auctor, que he a primeira vez que se abalança à scena, pede perdão ao Illuminismo deste respeitavel Público dos defeitos em que cahio, e pede para este seu primeiro ensaio dramatico, que acaba de traduzir, a mesma venia, com que a Capital tem recebido os seus escriptos mais importantes. Elle he hum Cysne na verdade tão penugento, que apenas parece hum ganço derrabado, mas elle começa a adejar pela *simples região do facil*, esperando que os seus primeiros pulos sejão ajudados pela beneficencia de hum Público a quem começará a ser grato, apenas derem oito horas, e meia. Isto, meu amigo, he o mesmo que dizer ao Povo leitor, que vá para casa, e mande logo, e logo para o Sarralheiro a calçar de novo os ferrados bordões, com que ha de aplaudir o novo Genio, que com sua traducção se abalançará scena. Outros vão dar rezina nas caixas, para lhes fazerem dar huns malignos pios de oitava acima, apenas derem com as tampas a primeira volta; pios endiabrados, precursores da futura e imminente trovoada. Tudo está disposto, e a negra noite com as azas melancolicas começa de abranger o Polo, e como lá diz o Poeta.

Q'agora tu Bretão com o Imperio abranges

Engrossa o fio dos espectadores, que vão ao novo apontoado da traducção adaptada ao moderno gosto da abrilhantada scena Portugueza; os do partido do Pai da creança distribuem senhas, comprão bilhetes, encomendão com tal instancia palmas á sortida da 1. Actriz, que ha de repetir o Elogio, que he consciencia negar-lhas quem vai vêr Opera de graça, ou pelo dinheiro do seu proximo. Estes mercenarios palmeadores não se põem todos em magote, em mólho, em feixe no meio da Platéa, espalhão-se, mas não se perdem de vista, chegão-se à quellas rodas, onde descobrem mais basto, e mais apessoado bordão, misturão-se; e, sem ninguem lhes perguntar de que Freguezia são, vão entabolando conversação sobre o merito da grande Peça, que vai apparecendo. Ouve com tranquillidade Estoica o sutaque do dono do bordão, e já feito:— O autor he hum pedaço de asno, eu não sei quem he, mas bem se vê pelo cartaz, leva-a nas ventas, se elle por ahi estiver—; e muitas vezes succede dizer-se isto, e fazer-se esta honrada promessa ao mesmo dono da obra, que passa incognito, e anda dissimulado na platéa colhendo os votos daquelle baixo, e infernal Parlamento, peior que o de Argel. Tal he, meu amigo, a condição triste de hum Poeta abrilhantador da Scena Portugueza, que ouve estas decisões da bôca de hum marmelada, de hum bacalhoeiro, ou ahi de qualquer trambulhão de retalho! Mas em fim as sanfonas soão, o argeme, o candieiro marcha ao mais alto da abafada atmosfera theatral, os leques dos camarotes trabalhão, os óculos assestão-se, o murmurio cessa, o panno caminha, encolhe-se, enrola-se, a Actriz do Elogio arastando o *Syrma*, ou cauda grega, vem pizando as taboas, o braço vem alçado, a carantonha quasi feita, ainda que mettido o'panno nos terceiros tinzes, o ponto bate com o papel no chão, e os espalhados conforme o ajuste, porque são de consciencia, apresentão-lhe meia roda de palmas; mas os que tem, como eu, o ouvido agudo, è de juizo seguro pelo longo use naquellas materias, logo conhecem que o som não apanhou alamiré, e que por alli anda cousa, que não he effeito da boa, livre e espontanea vontade: os do partido da razão, que he o incorruptivel beijinho da farinha da Platéa, desespéra, e com o imperioso — siô, sio... leva rumor, — abafa a palmadaria venal. A Actriz, que está sem pulsos, e ha muito sem campainhas por accidental achaque, o Elogio por

Heroes de Lysia, a gratidão me empurra
A expor-me à vosso applauso, ou vossa surra
O Corso audaz, o Corso furibundo.....

A isto ouvi eu huma vez responder a hum Improvisador das varandas

Tens agua aberta, com que vais ao fundo.

Seguio-se hum defluxo universal com tão endiabrado pigarrō, que o Elogio, dêo fundo, sem deixar com tudo de apparecer Lyzia, e hum Tejo velho, que trazia na mão *flava* huma pà de estibordo, que pertencia a hum barco de letria da terra víndo de Abrantes. Assim mesmo os afretados das palmas as quizerão dar, mas os importunos, e imtempestivos sios, sios, sios, abafárão tudo. Lastimosos presagios! O ar todo começou de engrossar, o meteóro tonante estava já depositado no seio das nuvens de quinhentas, ou mais bôcas abertas, que até ao fim da Peça, que era de hum Acto só á moderna, exhalavão de espaço a espaço a primeira, e fatalissima vogal, a, a, a, a. Ora, por ser de hum Acto só, acabou-se, he verdade, mas o ponto extremo foi o primeiro ponto da grande collisão das Potencias do Norte, e Sul quero dizer, da palma, e couce — *Insonuere eavae gemitumque dedére cavernae* — Os membros comprados erão muitos, o dono da Peça — Os Disfarçados — não se poupou a despezas para salvar das mãos da morte, e do horror da sepultura a sua querida traducção, mas os espectadores de bordão, e indifferentes tambem erão muitos.

Romani tollent equites, peditesque cachinum.

O cachino foi tão universal como o assalariado palmeámento, e disto resulta hum som misto, e confuso, que he a *característica* da Pateada mista. Não he nem do meu talento, nem do seculo presente, decidir a maior preponderancia da massa dos estoiros de mão, e pata. Ulteriores indagações sobre esta relevantissima materia a deixarão em plena evidencia. Eu posso fazer sobre este espantoso fenomeno a mesma profecia, que fez Seneca a respeito dos Cometas caudatos. *Veniet enim tempus, quo, posteri nostri, tam aperta nos nescisse mirentur.* Ha pouco, meu amigo, se descobrio o pezo do ar, mas ainda vai andando occulto o Magnetismo. Eu offereço ao seguinte seculo das luzes estas minhas rudes observações, e os futuros Naturalistas theatraes classificarão no seu competente lugar estes negros escarabeos anamolos, que lhes apresento.

CAPITULO III.

Da Pateada redonda.

Talvez, talvez, meu amigo, os nimiamente escrupulosos tachem o meu trabalho de inutil, e digão que faço hum enorme desperdicio do tempo, e da eloquencia, em tractar materias, de que senão reconhece a proxima utilidade: que podia empregar-me em compôr hum Periodico, para exercitar a virtude da obediencia, de que resulta tanto beneficio aos exercitos: em compor hum Tractado de Botanica, e Chimica para aprefeiçoar o extracto da Beterraba, hum Compendio da virtude da Ruiva, ou da Vermeiha, em analyzar a Barrilha, ou em determinar as especies dos Cogumellos pelos seus pistillos, e petalos, e pelas dimensões das suas tiges, e com estas cousas fazer de todo feliz o genero humano! Não quero, meu amigo, não quero; e por entre os brados, e clamores da ignorancia, eu vou caminhando ao meu fim, seja eu o Galiléo das Pateadas; sofra embora: a Terra se honrará ainda algum tempo de me ter produzido: a inveja irá quebrar os dentes nos marmores bazaltos do meu tumulo, a verdade apparecerá, haverá ainda huma Platéa chamada a Fogaça, como he huma Cidade chamada *Washington*, e outra Petersburg do nome de seus fundadores

Si licet in parvis exemplis grandibus uti

Com esta differença, que a semelhança he aqui ás avessas. As cousas, que eu tracto, são grandes, e os exemplos allegados são os pequenos. Se a inveja se apascenta nos vivos, ella cançará depois da minha morte.

Pascitur in vivis livor, post fata quiescit.

Não me demoro mais, assim como o outro appelou para *Binet* (*), eu appello para a Posteridade, e para os Filosofos, que me hão de seguir. Eu passo a considerar a Pateada redonda,

---

[*] Apello Benet. Vide. *Halliday de Couto* pag. 1. edição de 1811

que, por isso mesmo, que he já de hum genero mais composto, he mais perfeita, mais sonóra, e mais soberanamente magestosa.

Ha huns respeitos theatraés, meu amigo que se não perdem, a dependencia actual de hum Genio abrilhantadista faz que se desenterrem parvoices velhas do mesmo Genio: existe, por exemplo, no armario 199 do Archivo do Theatro huma Peça decrepita, e que apenas se tem sem signaes de vitalidade, a cavallo em hum barbante, á porta do Arsenal, ou da Moeda; servindo de escudo a hum dos doze Pares alli pintados com papoulas, e açafrão, chama-se a Peça, por exemplo — Demetrio, e Cleonice — que na boca de Egizielli, e Zamparini, brilhou em tempos de nossos sióguelos Avós no theatro do Bairo Alto, e brilhará sempre todas as vezes que se não tirar do seu original Italiano, e dos gorgomilos dos alumnos da escóla Bergamasca, brazão da virilidade. Sabe esta Peça do Archivo, que pela sua raridade, traça, e poeira, vale tanto como o exemplar das cem Novellas de Boccacio da edição de 1460, por quem se derão (mal empregadas !) tantas mil libras agora em Inglaterra; sacode-se muito bem do pó, põem se dia, e meio ao sol para entezar, e perder o mofo, e a humidade, tirão-se partes, e reparte-se. O Demetrio ha de ser hum 1. Galan chocho, e a Cleonice huma Actriz de melaço, que *debutou* antes do terremoto pela parte de *Sirigaita* nos Precipicios de Faetonte. Forra-se a matinal esquina do alambazado cartaz, vai, ou leva em cima hum emblema, que para muitos foi enigma, e para mim cousa tão clara como o caldo dos caldeirões do Irmão João; vem a sér hum barco cacilheiro quasi submerso nas ondas com as obras mortas de ré derreadas, o grupez escangalhado, e huma amurada partida. Tristissimo annúncio da tempestade imminente e lastimoso naufragio da Peça! Nem a tradição, depositaria dos acontecimentos humanos, conserva já na presente memoria, não digo o *entrecho*, mas nem o nome do Demetrio, sem ser o Palarêo, e da triste, e pachorrenta Cleonice. O Povo acode, e hum prematuro bafio, que lhe dá pelas ventas, lhe diz, que he Peça antiga: estas suspeitas são confirmadas pelo alfaiate velho do Theatro, que diz, vestira ainda o Silvestre de Corcuma na Esposa Persiana. De máo grado vai entulhando a immensa platéa, vão-se salpicando as torrinhas, e gradativamente até as frisas; tudo está cheio. os passeadores do Peristylio Theatral não entrão naquella noite ao apontar da dança e farça, entrão logo. O Camarotoreiro anda em bolandas. O Botequineiro exulta, e suppostas, e presuppostas aqui as ceremonias do estilo, desafinando menos a dobrada Orchestra da abertura, levanta-se pela primeira vez o retocado panno, e apparece a bôca de Sacavem: da banda do recife do Norte está Cleonice, e na ponta da valla do Sul está Demetrio; para se entenderem seria preciso fallarem-se por bosina; e, se elles se não ouvem hum ao outro, menos os ouve o povo a elles; chega por informações, depois de huma longa viagem, ao meio da platèa geral, que Demetrio está dizendo a Cleonice finezas do tempo do Magriço, quaes este disse á Dama Ingleza quando chegou ao atar das feridas. Parece que se espremêo do sobre-ceo theatral, o succo do *papaver somniferum* em cima do Auditorio. Não ronca tanto a barra quando morre peixe espada, como ronca a platéa; ficou hum arrumador com huma dobradiça na mão, e o homem, que se hia a sentar, já de cócoras ambos dormindo nesta aptitude. O somno foi epidemico até o fim do 2. acto: a sinfonia do 3. tocárão só dous Musicos, que não tinhão jantado nesse dia, nem tinhão que cear nessa noite, a fome os conservou milagrosamente, insomnes, elles sós formárão a Orchestra, e huma circumstancia accidental acordou a lethargica platéa. Tocou repentinamente a fogo nas torres immediatas, chamárão-se as guardas espalhadas pelos bancos, corrêrão todos a incorporar-se no piquete, que se forma. Cleonice tambem dormia, Demetrio abria muito a bêca, e acodio-se a esta estranha, e nunca vista lethargia, com hum sinapismo de modinhas brazileiras. A Actriz cantora apparece, eu não sei se era do Paiz, que o mar cérca, e divide o Apenino, se era de cá, sei unicamente que huma carantonha assim nunca se tinha visto. ha della alguns originaes entre as caraças do S. João, e pela primeira vez, por estranho mechanismo de Theatro, se vio na Europa a bôca do Rio Amazonas; tão enorme e vasta era a sua abertura! Quiz dar huma quinta maior, foi então que engasgada deitou huma lingua de fóra do mesmo comprimento que o Isthmo de Suez, ao Sul, e ao Norte, do pescoço lhe aparecêrão duas cordovéas, cada huma dellas como o canal de Languedoc. Esta estranhissima Tarasca despertou taes risadas na quasi amortecida platéa, que tudo despertou, e com huma alacridade pasmosa toda a turba, como os Grumetes de Camões, vem esfregando os olhos, abrindo a bôca, e acodindo aos seus respectivos postos. A muitos tinha cahido o bordão da mão, pela mágica força da universal lethargia, todos o levantárão, tacteando-lhe de novo os ferrões, pois, ás horas que erão, conhecião que o momento do terrivel ataque era proximo. O peito bate, foge a côr do rosto. Hia Cleonice a dizer a ultima fineza a Demetrio, que a meio caminho andado ficou gelada no ar; foi então que, sem partidos, sem compra, sem soborno, e sem dar signal a trombeta castelhana, como se naquelle instante, por hum surdo trovão subterraneo, começasse o terremoto de Caracas, e rebentasse o volcão das Martinicas, ou saltasse o Rei Preto no Rei Mulato, na Ilha de S. Domingos, se ouvio primeiro remugido surdo, manifesto indicio dos braços, que se dispunhão, dos bordões que se alçavão, dos pés que se preparavão. Eu não sei, meu amigo, quem foi o Commandante da acção, ou se elle era preciso áquelle tão bem unido, unanime, e disciplinado exercito; todos conhecêrão os seus postos, todos percebêrão o invisivel signal do ataque, o qual, contra todos os principios de Vegecio, do Cavalheiro Follard, e Memorias de Montecúculi, e Marechal de Saxe, e dos pareceres dos mais eminentes mestres da pancadaria, costuma principiar, não pela vanguarda, mas pela retaguarda da platéa, chamada a inferior, onde costumão postar-se os cerrados batalhões dos gastadores, e tiradores de capote, e tambem, pelo assombro, em que eu estava constituido, não vos posso dizer se por lá começará, porque!.... Ouvio-a o monte A'tabro, e o Guadiana! a refrega foi universal, e simultanea, parece que o Jupiter de Virgilio cahia todo em pezo sobre o monte Athos, sobre o Rhódope, sobre os rochedos Ceraunios. Huma simples linha de Papelões da assignatura, por certos respeitos particulares a Cleonice, quizerão ter a ousadia do Capitão Pero Lopes, de mandar ter os esquadrões na batalha de Alcacerquivir: — hum — Fóra tolos — anonymo lhes fez tornar a falla ao bucho, e então dos flancos, do centro, e da mesma testa da immensa columna, como se atacasse Souwarow a cabeça da ponte de Placencia, ou Duncan rompesse a fatal linha de Winter, ou saltasse o calcanhar de Carlos XII. na batalha de Pultawa... não sei dizer senão como o Poeta

Ferit alta sidera clamor

E como eu escrevo para a Posteridade, e talvez que estas minhas Memorias pelo seu importantissimo objecto, e assumpto vão ser emprego das doutissima lucubrações dos Sabios do Lyceo central, he preciso que depois das comparações acima expressas, e que a mim me não parecem cabaes, eu ache huma que satisfaça os Filosofos, que depois de mim continuarem esta taréfa digna das transcendentes especulações de hum Kant. Digo pois que se escutou hum clamor previo, semelhante áquelle que se escuta em huma Taberna na esquina da rua dos mastros, que faz frente para a Boa-vista, quando atulhada de marinheiros Inglezes, o de maior patente entre elles, alçando o penultimo copo na breada dextra, dá principio ao Hyperboreo cantochão, que os companheiros harmoniosamente proseguem, té que a fornada se coza, ou o tonel, naquelle instante encetado, se estanque. Tal, e tão grande foi o ruido, que se escutou, antes que o mundo ameaçasse ruina. Os bordões alçarão-se perpendiculares ao solo theatral, foi então, meu amigo, que eu vi o mesmo estoico da Ode de Horacio pôr os pés em polvorosa, então vi que erão nelle basofia aquellas rebombantes expressões, e de hum tom alto, e sublimado, grandiloquo, e eloquente.

Si fractus illabatur orbis
Impavidum ferient ruinæ.

Então vi que o Filosofo no seu Gabinete era cousa muito differente do Sabio posto em acção, e que não era o mesmo Maupertuis, que foi ao Polo medir a terra com hum covado que levava aferido na casinha de Berlim, aquelle Maupertuis que fugio, deixando o relogio nas mãos de dous Hussares Austriacos. O meu Filosofo da platéa apenas ouvió a primeira banda de sotavento, que deixou soar a Não Cidade de París, fugindo da platéa, e cahindo-lhe da algibeira hum volume com os dous tractados de Seneca, *de Otio sapientis e de tranquillitate animi*, e o grande Poema do Filologo Heineccio *de contemptu mortis*, não parou senão no Rocio, até se ir desafrontar com canada e meia de vinho na travessa das palhas. Eu, que era já hum Veterano, e que assisti a hum recontro de hum batalhão Galego em Cangas de Tineo, longe de me assarapantar, fiz tambem huma perna como nunca, porque resolvido a compôr este escripto a quem agouro a immortalidade, não me quiz fundar em conjecturas, ou relações suspeitas; juntei ás minhas observações theoreticas, a pratica, e a própria experiencia. Eu fiz saltar o espaldar de hum banco; e, se me fosse possivel, tiraria, como outro Castro as portas de Dio, as portas da Platéa geral, para guizar huma cêa, em que bebesse á saude do traductór de Demetrio, e Cleonice. Arrombei hum assento de hum assignante da superior, atirei com elle ao Deos dará, e foi dár comsigo no támbor do Proscenio, com tanto effeito, que disserão dous Napolitanos, que estavão ao pé de mim, tapando com as mãos as nadegas de susto, que era aquelle éco semelhante á detonação do Vesuvio, quando mais assanhado se inflamma, e se remexe. As duas aventesmas de páo, que estão dos lados, e que figurão huma a Virtude, outra os Costumes, cahirão de suas bases, e huma esmurrou as ventas ao Rabeca das danças, que intrepido gritava aos companheiros que não fugissem, que era na verdade trovoada, mas que hia passando; hum limão podre atirado por mão certeira colheõ, pelo toutiço este blasfemo Capanéo, e deo comtelle em terra, ainda eu o vi cahir abraçado com o arco da rabeca, como Estacio vio cahir o outro Capanêo em Thebas abraçado com metade da Torre Ogygia, onde Jupiter veio humá noite fallar com Semele. Como-se a basofia deste Orféo de Santa Cicilia mais irritasse, e azedasse o furor das Menades e Bachantes da platéa, como ainda conservavão os tyrsos inteiros, redobrárão a *batuta* com tanta força, e hum compasso tão rápido, e amiudado, que eu cuidei ouvir as Forjas de Lemnos, ou huma sogra engalfinhada no miseravel genro: então deitou a cabeça trémula fóra do panno de talão o desgraçadissimo Emprezario, e disse com voz moribunda, e tão maviosa como a de hum gato saudoso em noite Janeirinha. - Senhores dos communs, isto que Vv. mm. estão fazendo conforme as memorias, e annaes da nossa mal aventurada empreza, chama-se Pateada redonda: tenhão dó de mim, e lembrem-se da carestia da madeira de casquinha, depois que o systema continental fechou Riga, e Memel: se cà tornarem outra vez, terão de se assentar no chão, ahi já não está banco com saude perfeita. Demetrio, e Cleonice, envoltos na sua antiguidade, e frieza, já lá forão aquartelar-se no Archivo, como hum Codice raro, e de infeliz memoria; sustenhão-se se querem vêr dançar Pedro Grande no mesmo momento, em que os conspiradores o querem assassinar, que he cousa muito natural, e por dous momentos mais não percão *as viagens do Imperador II.* onde o riso anda brincando com a Moral. O — *Quos ego...* de Neptuno em o primeiro da Divina Eneida. e o — *sed motos præstat componere fluctus*, não aquietou tão depressa os ventos, como o discurso pathetico do lastimavel Emprezario aquietou a commoção tumultuosa, e para proseguir com o mesmo Virgilio

Conticuere omnes, intentique ora tenebant.

Assim o discurso do Filosofo fez parar o enterro de Marco Aurelio, e assim teve fim a Parada redonda.

A multiplicidade destes factos, e a numeração das circumstancias naturaes, e accidentaes da Pateada redonda, que acabo de expôr, servirão de guia aos Filosofos, que ainda devem trabalhar sobre tão importante materia. Elles derramarão luzes sobre algumas sombras inherentes naturalmente a este sujeito em o seu começo; e o futuro seculo, que leva geito de ser o mais illustrado da terra, cuidará no desenvolvimento deste germen. O Raynal, que está fadadamente decretado a me seguir, sobre estas simplices memorias levantará o grande edificio da sua Historia Filosofica das Pateadas de ambos os Mundos. E vós ó Relojoeiros de Genebra, se ainda deveis dar á luz algum Filosofo vestido de Armenio, que possa gravar no escudo das suas armas o meio verso de Juvenal

Vitamque impendere vero.

elle, elle com sua eloquente penna, irá até á raiz, e conhecimento da desigualdade das Pateadas; e se elle destina ainda algum Emilio para o Officio de marcineiro do Theatro, possa-o elle acostumar desde a sua frugal infancia a ajudar com o martello, e com o rebote a musica das Pateadas. Possa o teu *Adivinho da Aldéa* prever com luz Profetica as Pateadas, que estão por vir, e de que eu não serei nem espectador, nem cumplice. Possas tu mesmo, ó Jacques, chamado para Legislador da Corcega, depois de teres sahido de lacaio em Turim, traçar hum plano do Contrato social de huma nova especie de Pateadas, de que vou fallar aos futuros legisladores como tu, em o meu seguinte Capitulo.

CAPITULO IV.

Da Pateada comprida.

Foi preciso hum Polybio, hum Tacito, hum Machiavello, hum Abbade de S. Pedro, para poderem penetrar, não só os tortuosos caminhos, e occultissimas varedas da Politica dos Gabinetes, mas para desfiarem aquellas subtilissimas tramas da intriga das Cortes; e estes grandes, vastos, e penetrantes entendimentos atinárão por entre espessas sombras com as intenções, e projectos de hum Octaviano, de hum Tiberio, de hum Luiz XI., de hum

Cesar Borgia. Xisto V. não foi tão recatado, nem Filippe II. tão dissimulado, e prudente, que escapasse ás investigações, não dos investigadores, mas de hum Gregorio Letti, e de hum *Robertson*. Com tudo, estes mesmos genios raros, estes Filosofos penetrantissimos se confessarião iguaes a Zero, ou a Braz Badalo, se se atrevessem a penetrar, ou a querer profanar os mysterios, e os arcanos da intriga theatral. Apezar disto, a Natureza, e a Fortuna ás vezes brincão, e o que se negou a Tacito, talvéz se conceda a Manoel Mendes. Os Pilotos mais afamados do Infante D. Henrique não podião passar o Cabo de Não, e o barqueiro de Lagos Gil Eañes passou o Cabo, e foi sessenta legoas mais avante. Eu, eu o infatigavel Mendes, como outro Bruce, entranhado pelos areaes do alto Egypto em busca dos cornos de Jupiter Ammon, para lhos medir, e mandar as dimensões aos antiquarios de Oxford, me entranhei nos labyrintos theatraes, não cá da scena para fôra, onde se não faz negocio nenhum, mas da scena para dentro, onde se descobrem melgueiras incognitas ao olho do Sol. Eu fui penetrando, ajudado desse pequeno: prestimo que me deo a Natureza, a Arte, e o estudo até aos camarins da pôpa theatral, e como a hum adepto Eleusino se me fez vêr alguma luz. Oh gentes, oh seculos, que estais por vir, quanto me deveis! Se os habitantes de Malfi levantárão hum Padrão em honra, e memoria de seu compatriota Moia (*), inventor da agulha Nautica, gentes, e seculos por vir, levantai-me hum Mausoleo como o de Cária. Escolhei algum paio de linguas, que então existir entre vós, que em Latim, em Grego, em Mouro; ou em Portuguez do Investigador, conserve em pomposas inscripções meu nome, minha memoria, meus trabalhos, e meus espantosos esforços na Sciencia das Pateadas!

Eu pois, como explorador dos mysterios, e arcanos da intriga theatral com a mesma pertinacia com que Condamine se expôz a perder as ventas, e as orelhas no mais encarapitado cocoruto

---

[*] Flavio Moia natural de Malfi, inventou a agulha de marear em 1300.

dos Andes para descrever huma cousa que não se come, nem se bebe, chamada Meridiano, e nos dizer depois para felecidade nossa que esta terra, que habitamos he do feitio, mas não do gosto de hum quejo Flamengo frescal, me entranhei naquelles pestilentes gabinetes, exposto a perder, não as orelhas, mas a paciencia, e a reputação. Mas não sóbe o Naturalista ao cumo do Monte Branco para observar hum saramago trifolio-dentato, e estriato? Porque não me ingeriria eu no fundo de hum camarim, para ouvir da escancarada boca de huma Actriz os primeiros rudimentos da intriga diabolico-theatral de huma Pateada comprada, cousa incognita aos mesmos Auctores dos Mappas statisticos, e aos calculadores das riquezas das Nações? He verdade que eu ouvi fallar em Pateada comprada... *Stultus ego!...* Dizia comigo, a Pateada dá-se; e, se se dá, como se compra? Achava contradição, mas o que pode a impericia, e a ignorancia! A Politica de huma Pateada comprada escapou ás vistas calculantes de hum Barão de Thugut! Eu vou fallar com aquella bocarra redonda, de que as

Musas fizerão presente aos Gregos Poetas, e Professores — *Ore rotundo*.

No mesmo Theatro, meu amigo, existem, por ex, duas primeiras Actrizes, porque huma só não pôde bastar para tanto povo, e he preciso variar os caracteres conforme a variedade das Peças, que se apresentão ao Theatro. Aqui tem, meu amigo, o pomo da discordia. Juno, e Minerva não ficárão com mais gana a Venus no Monte Ida, do que a gana que conservão reciprocamente as duas Actrizes. Os partidos crescem, e dividem-se; as paixões accendem-se, a guerra atêa-se; e muitas vezes entre ellas mesmas o sôco trabalha! Oh coração humano, como és impenetravel! A teu fundo não ha fatêcha que chegue, nem sonda que baste! Vejo estar duas Actrizes em hum ensaio, as tres Graças, as tres Furias não se abração não se beijão, não se afagão mais estreita, e cordialmente. Que amizade! Que innocencia, que candura, que santa simplicidade! São dous Anjos, duas pombas, duas cobras enroscadas no Caduceo de Mercurio! Acaba-se o ensaio, vai cada huma das duas, seguida da sua respectiva Côrte, e gentis-homens da semana, para o seu respectivo camarim. Oh Ribeira nova! oh Largo anterior á rua da Inveja, onde nunca nem dobrada, nem moscas falhárão, vós memoraveis domicilios da modestia, do silencio, e da gravidade matronal, vós ambos nunca ouvisteis em vossos escamosos, e engordurados balcões, de hum bafio, e de hum fartum sepulchral, vós nunca escutasteis descomposturas iguaes! O Diccionario da Cotovia não contém ametade dos expressivos, e puritanos termos, que alli se escutão. Lucenas, e Arraes, o vosso Portuguez não he mais claro! Alli resuscitão pessoas já mortas, alli são enterradas as vivas presentes, e ausentes. Ambas ellas são duas perfeitissimas genealogicas, possuem a arte do Brazão no seu ultimo apuro: alii por épocas, marcadas com a mais escrupulosa chronologia, se vai pelas ramas ao tronco, e delle á raiz das gerações, muitas vezes até aos Avós antediluvianos; os cargos, os empregos dos mais remotos avoengos são expostos com huma evidencia deslumbrante: alli se lastima o fim tragico de alguns, que pelos bons serviços feitos á Patria,

c

morrêrão no ar pendentes de hum fio, e pranteados pelas lágrimas da misericordia pública. Alli se relatão com huma miudeza arithmetica espantosa as acções dos primeiros annos: a Chronica acaba-se, os Fastos consulares tem seu termo, e deste termo começa o ódio, mais que de madrasta! E o despique!... Academias do Sena, mandai-me os vossos honrados Diplomas, contai-me em o número dos vossos Irmãos venerandos por este incomparavel achado! O despique he huma Pateada comprada.

Chega, meu amigo, chega o fatal dia do Beneficio de alguma dellas, dia sempre aziago para esta Capital, tudo annuncia este dia. Falla o Diario; e, se eu fizésse o Diario, punha-o entre os acontecimentos notaveis, e memoriaveis do mundo; ou, se fizesse Efemerides dos Meteoros calamitosos, constituia-o em o catalogo dos raios, centelhas, e coriscos, e por serem tantos dava-lhes lugar entre a chuva de pedra, ou as *Avalanches*, que cahem dos Pyrineos em cima dos Francezes. Fallão as esquinas todas, não escapando a do Beco dos Cabras, a Santa Marinha, e á do Beco dos doudos á Praca da Figueira. Fallão os Cafés, e nesse dia fazem pausa as decisões em Politica, e Tactica Militar: fallão as Tabernas, porque lá vão de hora a hora molhar a palavra os distribuidores de Bilhetes. A noute vai a proximar-se. 'A Actriz rival, morna, sombria, reconcentrada em si, com a sua furia, passea calada na estreita pucilga do camarim, como Medea no Pórtico do Palacio de ElRei Creonte em Corintho. Tudo a tem abandonado naquelle infausto dia. Seus Cortezãos a olhão com indifferença, o vestido, o gesto, as plumas da Beneficiada augmentão seus encantos, e os trinta e seis volumes do catalago de seus adoradores. A Peça, que leva, he nova, vertida do Hespanhol de Canizares enriquecida com, hùm Epissodio nacional, e da propria lavra do vertedor, o elogio tem versos de hum cunho novo, deve ser repetido no fim da Peça, em que a mesma Actriz se transforma =

Acabei de fingir, sou outra agora.

Estão por instantes a acabar-se as azas

que ha de levar o Genio da Scena, mais leves que as de páo, que tinha levado no outro Beneficio: a nuvem de papelão, de que deve descer para a coroar de Losna, está acabada. Dobra-se a Orchesta, hum sorongo novo em obsequio da Beneficiada está mettido *em gambia* (termo tambem tecnico.) A Medéa furiosa continúa a passear, abre ella mesma, (muito estruidas são estas Senhoras!) abre ella mesma o volume das Tragedias de Seneca, onde anda estudando o papel de peixe agulha, que ha de espantar os cavallos do Hypolito, para o fazer cahir a pedaços, lê o monologo de Medea no 1.º acto, vai equiparando com as suas proprias as desgraças, e abaladas daquella antiga bruxa, que entregou o pai, e os carneiros do pai; chega depois do hymno ao Sol aquelle sublime de Longino, que ainda não se sabe o que seja, nem em que consista,

Medea superest......

Existo eu só, diz a Actriz, e tenho aqui tres moedas e meia na algibeira, que as levou o diabo esta noite; e mais dissimulada que a avelhantada Juno

Premit alto corde dolorem.

A quem lembraria o que vai a acontecer? Os seculos se assombrarão de ver levantar Carthago, do tamanho do coura de hum Boi:

Dux Femina facti

Os meus collegas, os vindouros Filosofos tambem se admirárão, (se o *nihil admirari* de Horacio padece excepção) da fecundidade do espirito feminil. A raiva lhe aguça o entendimento, e como á cobra pizada no rabo, que levanta huma grande crista, a Actriz, que se julga naquella noite suplantada pela sua rival, levanta hum pensamento novo tão alto, e agudo como o guincho, que ella deo em huma aria de Mozart. Conhece hum Cabo de Atiradores, e hum contraponto de meia legião de chuços, ambos completos sujeitos, e capazes das mais complicadas diligencias de serviço, entrega-lhe n'aquellas mãos puras, e incorruptas, tres moedas e meia de bilhetes que ella fez comprar, não de huma vez só, que isso seria dar com o pé na pêa, e fazer transpirar a solapadissima intriga, que mette á hum canto o Tractado compleo de Campo Formio; mas por vezes, e por diversas mãos, porque ella para tudo tem gentes, agentes, e Ministros. Os dous Chefes illustrados que conhecem, e sabem, como Cezar, os nomes de todos os seus soldados, e não só os nomes, mas os talentos, as propensões, as capacidades, a agilidade, escolhem os melhores barretes dentre tantos, declarão o fim para que são chamados, passão-lhes miuda revista aos bordões em diametro, e em comprimento, e preparados com hum brinde em róda, de dous almudes de hum que se descobrio e abrio agora a 340 capaz de levantar a gente ás nuvens, dão-lhe a voz de marcha para o Theatro; alguns querem que elles hajão marchado por pelotões, outros ateimão que elles desfilárão por escalões, como corpos Prussianos na parada de Potzdam, eu inclino-me mais sobre esta ultima opinião que lhe mais pedantescamente militar.

O ar he já pardo, já pelos botequins ha luzes, os corpos marchão ao abrigo do silencio, e da sombra, o ponto de reunião dado pelos Chefes, he o largo do Theatro, os Chefes fazem alli nova revista, e achão de menos hum extraviado para o limoeiro, e hum contuso, que lhe amolgárão a cabeça alli a huma esquina, por algumas differenças, que teve com hum rancho de vivandeiras volantes, pertencentes ao sexto corpo do Exercito. Entrão aos poucos, e misturados; para a platéa geral, tal he o sublime artificio da politica, que sabe dissimular até as mesmas apparencias e Os dous chefes, como outros dous Sinões em Troia.

Dolis instructus et arte Pelasga,

correm com huma celeridade, digna de hum Sargento de brigadas, todas as filas dos bancos, observão a firmeza das tropas, e a distancia proporcionada, em que devem á esquerda olhar ao signal, que he hum anspeçada bojudo, alto, e colossal, que tem na mão, e bem no centro do giro do pião, a bengala de Polifemo. A cousa leva geito de principiar, e he tal o ardor das divisões que, porque virão accender a primeira

c 4

malga de cebo ao pé do buraco do ponto, alguns mancebos mais fogosos, como era a primeira vez que vião o fogo, cuidando que aquella torcida era a Actriz pateanda, ou para haver de patear, picárão tão rijo, que alguns bancos gemêrão. A Actriz, que já andava por detrás do panno, a vêr se a casa se lhe enchia, sentio não só levantada a terceira paralélla, mas aberta a trincheira, e para maior desgraça sua, duas, ou tres toezas só distante das suas bochechas. A mulher, como o valoroso Eneas de Virgilio diz

Obstupui, steteruntque comæ, et vox faucibus hæsit.

ficou gelada, e disse, estou trahida, a minha rival triunfa, porém juro, e prometto aos Manes de João Xavier de Matos, que no dia do seu Beneficio farei minar o Theatro, eu mesma, sim, eu mesma darei fogo ao rastilho, e o exemplo á huma nova Pateada...

Indocti discant, et ament meminisse periti. -

como dizia o texto do teu Hymno, ó

Cantora immortal, que tambem aqui a levaste nas ventas, como eu a vou levar daqui a dous instantes, pela intrigante inveja da minha indigna rival. Aqui chegava com o soliloquio, quando se lhe annunciou, que era próximo o momento de se levantar o panno, que a Orchesta recebêra ordem de guinchar. A Peça era a dos Pobres, ou Pedro Grande a espreitar os Mend'gos, onde ha o grande *rôle* da Gertrudes cega, e o roubo das Sabinas, intentado pelo cavalleiro Polaco Lobovischi. Esta Peça, amigo, pelo seu maravilhoso entrexo, pela sua stricta unidade, pelo grande Boticario, que apparece na enxovia por ter augmentado as dozes dá Jalapa, Mamona, Tartaro, Acheronte, e Calamolanos; pela sua moral, pela vista encantadora, não de sete, mas de setecentos pobres n'hum palheiro, pela apparição dos grandes Dignatarios do Imperio neste mesmo palheiro, sempre passou intacta, e ensinando a não dar huma sede de agua, nem a hum manco, foi sempre o Idolo das classes baixas de fóra da terra, e guarda-se com a submissão theatral para os Beneficios das grandes Dignidades da banda Histrióa. A Actriz, que a levava, hia segura de agradar a todos, servindo o público, mas

Habent sua fata Libelli.

Tambem áquelle Libello chegou o seu S. Martinho; he verdade que este fado lhe foi trazido pelas invejosas mãos da intriga, que quiz que de hum ódio particular fosse a vingança pública, e tão cruel, e barbara como estrondosa. Tinha chegado com vento bonança áquella charrua ao meio do 1.º Acto, appareceo a filha do Lavrador com a escudella de caldo para a merenda do Pai; esta parte da filha do Lavrador era a que a Actriz beneficiada fazia: a senha da traição estava dada, a emboscada feita, o anspeçada virou atrás a pança que era o signal de ataque, os cartuxos estavão mordidos, a escorva prompta, e para mais certeza do imprevisto golpe, podendo ser equivoca a viradella da pança, apresentou hum escarro de tósse convulsa, cujo estampido equivalão ao do morteiro de doze pollegadas: então, então, foi, foi, foi, foi a batalha de Trafalgar, o bramido das ondas, o berro dos canhões, a bozina de Mazzarredo, o godéme dos Bretões, a explosão del Medio Mundo, e de la Trinidad, a palavra, ou verbo auxiliar á toda a hora prompto na bôca dos Hespanhoes (hoje, com effeito, homens honrados), os gritos de Maria Pinheira, que estava escrevendo em hum beliche de ré, a favor dos Sebastianistas; tudo isto, e o mais que a imaginação mais ardente se pôde fingir, foi menos que as primeiras descargas dos dous espalhados batalhões número tal, e tal: e como a maior parte attrahe a si a menor; o resto da platéa, como Mordomos por devoção, ajudárão de tal sorte o primeiro ataque, que o menor effeito foi a filha do Lavrador, que era a Actriz, largar a malga da mão, cahir á meza do Pai, e ella fugir para o bastidor. Junto á amurada de bombordo da platéa, estava hum calafate de capote, curioso de Touros no Salitre, e que tinha hum lugar effectivo na pádaria, tão destro em assobio, que o Touro mais barafustante virava de rumo apenas lho escutava, mettendo mais huma pollegada de dedos na bôca, fazendo descançar o cigarro por hum instante, assentou-lhe dous, dignos da trombeta de Caliope, com que se constituio o verdadeiro Mesenco Virgiliano.

Ære ciére viros, Martemque accendere cantu.

Assim foi, esporeados os batalhões com aquelle sôpro infernal, segundàrão com tanto denodo, e esforço, que os dous Commandantes não fizerão no outro dia nos seus officios, mais. que o elogio das Tropas. Soltou-se espontaneamente o pano da bôca, e assim ficou a Peça morta á nascença, e sepultada para sempre. O Emprezario, quando já as ondas batião mais meigas na mole arêa, e o ar se hia desassombrando da grossa nuvem de pó levantada dos bancos, cujo caruncho cobrio de farélo miudo até as damas das torrinhas, deitou a cabeça fôra, e disse com a voz da submissão: digão os Senhores o que querem, para se acabar o divertimento desta infeliz noite! — Ponha ahi o Tartufo, respondeo por todos o anspeçada. Então a Orchesta mais desassombrada, abrindo as caixas das sanfonas, tocou o minuete da

Embaixada, com que tudo se aquietou mais alguma cousa.

Isto, meu amigo, não he mais que hum esboço deste terrivel quadro; já vos disse que eu escrevo para a Posteridade, o tempo irá com vagarosos passos juntando as observações, até se completar o grande corpo desta Historia, o fado queira que se não trasmalhe algum destes documentos, e que a vindoura idade não sinta a mágoa, que nós sentimos, com a falta dos livros de Polybio, e a grande perda de huma porção das Decadas de Tito Livio Patavino: he certo que a perda de alguma parte destas memorias, seria mais lastimosa, sensivel, e irreparavel, que a parte que nos falta daquelles Historiadores das bagatélas Romanas; mas em fim, eu vou em bem descanço para a cova, certo do escrupuloso apreço, que a geração dos Sabios fará destes meus débeis ensaios. Vós vêdes, pelo exposto, que a mais terrivel de todas he a Pateada comprada. Della ninguem está isento, he humas fatalidade inevitavel, he preciso dobrar o pescoço, e abaixar a cabeça, ao imperioso destino, consolarem-se huns

cóm as desgraças dos socios, beber-
lhe em cima, e sobre tudo, como hum
balsamo restaurante, e affogador dos
males da vida; prompta receita de que
usei agora para passar ao meu.

CAPITULO V.

Da Pateada Real.

Os progressos rapidos da Filosofia
neste seculo tem contribuido para agu-
çar o Genio investigador, os grandes
descobrimentos estavão reservados para a época presente, e a ignorancia da
antiga escóla pasma á vista dos fructos,
que a humanidade colhe das mãos da
sapiencia. Eu mesmo, no silencio da
obstupefação, entre os grandes inven-
tos do seculo, vejo a perfeição a que
se tem levado a *Gadanha*, e os Ga-
danhos; estes instrumentos chegárão á
sua ultima maturidade, e perfectibili-
dade nas escólas de Paris, subtilisan-
do-se sempre sobre os usos, e empregos da Gadanha; aquella Academia
respeitavel a tem estendido a todos os
objectos preciosos á vida. Gadanha na
verdade prodigiosa, que abrange em

seus farpados dentes, ou arpeos, todos os angulos da Europa. A Gadanha, invento Alemão, que se estendia a ceifa do centeio, e da avêa, nas mãos Francezas estende-se a tudo. A Gadanha Franceza tem levado couro, e cabello a todos os filhos de Adão, e nós o podemos dizer bem em nove mezes que aqui durou a ceifa, a vindima, e o rabisco. Invento maravilhoso, o qual tem adoptado o simples, e peremptorio methodo dos esfoladores! As suas diversas graduações tem sido objecto da meditação do Filosofo; mas, sendo tão varias, e tão imperceptivel a passagem de humas para outras, são com tudo superiores em subtileza as gradações, e passagens, que ha de humas para outras Pateadas. Tornão-se quasi imperceptiveis aos olhos do Filosofo meditador; e, podendo-se classificar as quasi infinitas ramificações da Gadanha Franceza, não bastará qualquer espirito para achar, e determinar as differenças, que ha entre estas continuas tempestades da moderna Scena. Lembrado estará, meu amigo, da minha primeira definição dada, ella abrange no fundo todos os generos, e todas as especies, porque qualquer Pateada he sempre o estaleiro de Antuerpia, em que se estão construindo ao mesmo tempo as cincoenta Náos de setenta e quatro, com que aqui nos ameaçava de vez em quando a Gazeta do Lagarde. O binomio de Newton he huma ninharia para achar o ponto imperceptivel de differença, que ha entre huma, e outra Pateada! Porém ò trabalho Herculeo não venceo o Acharonte? Não foi Prometheo roubar o fogo á esfera celeste? Não trouxe de lá hum trapinho acceso? Não tentou Dedalo os ares com as azas não concedidas ao homem! (as de cêra, concedo, as de páo, nego, porque a cada instante se estão levando.) Não chegárão os homens, com a força investigadora, a investigar o Chinchonino? Ficou acaso o Antimonio isento das suas devassas? O gaz de palha não tem sido bebido por muitos Filosofos? Não temos, por alguns Doutores de Epidauro, tractados completos das lombrigas? Não tem chegado nestes homens a tanto o desejo de conhecerem de perto as operações da natureza; que elles mesmos não se tem dedignado de irem extrahir com suas mãos as mesmas lombrigas dos redondos, e cylindricos cazulos, em que a natureza espontaneamente as arroja, para conhecerem se pertencem á classe da lombriga pevide, ou á classe da lombriga fluviatil, e roliça! Não tem chegado alguns a revolverem todo o miolo de hum bandulho, a vêr se encontrão a solitaria? O summo Medico de Florença, Lourenço Bellini, não consumio toda a sua vida, para nos deixar, como deixou, hum tractado completo *De urinis*? Não corria elle assiduamente as ruas todas, depois das dez horas da noite em diante, para conhecer, por própria experiencia, a' consistencia, e aboboramento das caldeiras? Não veio depois com hum additamento á sua obra sobre os saes fixos urinatorios? O Polypo da agua doce, reputado hum dos fundamentos mais seguros da posteridade das Nações, não existe já sugeito ao escalpelo dos Morvós, e dos Ruisches? A sociedade vetirinaria de Paris não trabalha desde o anno 4.º em determinar a qualidade morbifica do mormo Asinino; se o seculo presente está tão adiantado nestes ramos de importante sabedoria; se, como diz Horacio --- *Nihil mortalibus arduum est;* porque motivo huma nobre emulação não esporearia o meu genio infatigavel na exploração de objectos muito mais relevantes, e de mais conhecida vantagem para as presentes, e futuras gerações? Deixaria eu acaso ainda envolta nas sombras da ignorancia a Sciencia exacta da differença imperceptivel, e da passagem rapida, e, para me explicar em termo investigadoreiro, a *nuance* de huma Pateada a outra Pateada?

Ah! meu amigo, difficil cousa! Eu tractei da Pateada redonda, e não vos parece que esta mesma redondeza, ou esfericidade, a confundira desgraçadamente com a Pateada real? Que esforços, que trabalhos, que investigações me forão precisas para achar a differença esfica entre estas duas irmãs gemeas!

u invento, o meu achado deve ser mais apreciavel que o de Archimedes, sobre a aladroada liga dos metaes da coroa d'ElRei Hieron. Mas eu quero passar por hum Filosofo modesto, e não fazer as gritarias de Archimedes, sahindo a gritar pela rua fóra, de barrete vermelho na cabeça, e com hum pé calçado e outro descalço. Vós vistes os indicativos, ou os prognosticos da Páteada redonda, as suas disposições; notastes o momento prescrito para a sua explosão. Mas esta Pateada redonda tem hum caracter differencial de prudencia, com que se distingue essencialmente da Pateada real. A Pateada redonda he pachorrenta, espera a consummação da Peça, he terrivel, sim, nos seus simptomas, mas não he apressada a crise: a Pateada real tem mais fogo, e impaciencia. A Pateada redonda perdoa muitas vezes ao Elogio, se o ha, disfarça a dança, ainda que seja ancian, dissimula a Farça, cahe, he verdade, com todo o jogo em cima da Peça, mas no resto he indulgente. Verdade seja, que desde o começo o tempo se embrulha, e os conhecedores sabem logo pelo pezo, e consistencia da atmosféra theatral, que vapores se vão levantando, e condensando no seu seio: as nuvens, que começão de voar do Sul, são pezadas e grossas, e de vez em quando lá sôa hum ou outro repellão de vento, os remoinhos na platéa são frequentes, e vem às vezes huma rajada da pôpa, que arraza os castellos áquella grande náo; mas assim mesmo fluctuante navega, vai alijando, e arfa. Entra, he verdade, pela barra do 3.º Acto, mas, alli ao dá fundo, he que tóca então no fatal arrecife, em que se escangalha, começão a fluctuar os madeiros, e as capoeiras; que são as testadas dos bancos, se o golpe funesto, se o medonho estampido não deo lugar a ferrar o panno da bôca, e os castellos da próa, que são as taboas do palco, ainda ficão fóra da agua

Apparent rari nantes in gurgite vasto;

que são os comicos ás carreiras de huma para outra parte: O Palinuro do Emprezario mergulha de todo, e huma vez, vendo-o eu vir acima agarrado ao lais de huma verga, lhe bradei

Quis te Palinure Deorum?....

Que fado avesso, oh Palinuro, te metteo nos quintos Infernos! A Pateada real lie de outra têmpera, e de outra indole, he o verdadeiro Achiles do rameloso Horacio.,,

Impiger, iracundus, inexorabilis, acer.

Não tem contemplações: sem medir o terreno, sem dar o seu passeio militar, para reconhecer as forças do inimigo, sem escolher posições, ataca, e com tanta furia, que, não quasi sempre; mas sempre he triunfante. Levanta-se sobre as azas de hum heroismo sublime apenas revira os olhos para o espetaculo, clama com o piedoso Eneas, que não deixava o seu credito em mãos alhêas

A Eneæ magni dextra cadis.

Na proximidade de huma Pateada real, até cahem, sem ninguem lhes mexer, os cartazes pelas esquinas, como envorgonhados de terem annunciado a Peça. Dias antes, chega alevantar o papel moeda, pela afluencia dos que querem comprar bambús na fórma da Lei. Começa de ser objecto das mais sérias conversoções geraes pelos Botequins. Pinta-se com côres pálidas a consternação, e o assombro pelos focinhos dos cómicos; todos sabem, todos temem, todos esperão o golpe da desgraça imminente. Noites antes, os mesmos Entes brutos, e insensiveis do Theatro, dão funestos presagios do proximo terremoto; o cão do ponto uiva desconformemente; não ha aguaraz que baste a fazer pegar, e accenderem as velas de cebo; depois de grandes esmurramentos, dão huma luz sepulchral, e moribunda. O Poeta do Theatro fica em casa com repentinas camaras. O Carpinteiro maquinista, atonito com os simptomas da futura conflagração geral, engana-se, e se ha de puchar hum bastidor de vista da fachada do mal cosinhado, pucha o bastidor dos Tumulos de Verona; e a primeira Cantatriz, se ha de empurrar a cavatina de Mironton, engróla a ultima aria de Julieta a expirar nos braços de Romeo. Estes são, para fallar investigadoramente, os *Avantcoureurs* da Pateada real, ultima desgraça da Empreza Dramatica, e que, pelas suas complicadissimas circumstancias, não entra na classe dos acontecimentos vulgares, na grande Historia do Mundo. Quanto me deve a Humanidade! Mas o estudo, e applicação a tudo chega, gasta os mesmos forros,

Ferreus assiduo consumitur annulos usu!

Como eu agora sou grande! E como era pequeno, quando comecei as minhas primeiras observações sobre a Pateada simples. As grandes cousas tiverão pequenos principios,

Sub qua nunc recubas arbore, virga fuit.

Eu, eu aquelle mesmo que cantei a simplicidade pastoril, e o *cujum pecus* de Melibeo, eu mesmo, que cantei os Lavradores, mostrando como se crião as abelhas na dobrada podre de hum Boi morto, para consolação de Aristheo,

At nunc horrentia Martis Arma, virumque cano......

As minhas conjecturas filosoficas devem assentar sobre acontecimentos, como as conjecturas politicas do grão Tacito assentavão sobre factos. A Pateada real he obra muitas vezes de hum anno, e este meteóro destruidor, quasi sempre apparece em noites de inverno. E não foi Regnard ao Polo para nos embutir a solemne mentira, de que tinha visto rozas na extremidade septentrional da Laponia? E porque não andaria, eu, hum inverno todo, farejando no Theatro huma Pateada real, para mandar aos Posteros o quadro desta catastrofe, digno do desenho, e correcção de hum Rafael e da florentissima imaginação de Lucas Jordão, e da valentia de Gorreggio! Esta noite, meu amigo, chegou entre muitas

Noctem, hiememque ferens, et inhorruit unda tenebris

Nunca pousou outra no polo mais carregada, e triste, os furacões crescião, as enxurradas davão pelos peitos, e o Theatro encheo-se; e segundo o termo proprio, houve dobradiças, porque a enchente foi Real, nome infausto, que annunciava o que depois realmente aconteceo. Era já velha, e decrepita em scena a Peça, intitulada, a retomada da Figueira pelas forças do Mondego. O Elogio era sédiço, delle tinha desapparecido hum Deos; mas ficava Affonso A dança chamava-se os tres Bachás, as nove caudas, e as tres Bachonas sem cauda nenhuma, era a coroação de Solimão, com a albardadura de Selim. O Entremez era o caduco Zanguizarra, e o beneficio era do 1.º Grotesco Gambádas, que hia de meias com o 1.º Bufo absoluto, caricato, e pestilente. - Eis-aqui, meu amigo, cinco objectos de zanga, a que o Povo integérrimo andava jurando pela pele, se os apanhasse juntos. Apanhou, meu amigo, apanhou. Eu entrei na platéa, e fui para a província da extremadura, ponto eminente, proporcionado, e descoberto entre a superior, e inferior, e dalli podia observar á von-

D

tade os movimentos de ré, e d'avante; dalli deitava o olho para a entrada da superior, e para o portico da geral, e não vi entrar hum só individuo, velho, ou moço, Mouro, ou Christão, de quem (porque o via) não dissesse logo, como do Polifemo de Virgilio,

Trunca manus Pinus regit, et vestigia firmat.

Ficou a Arrabida sem zimbros, a Charneca sem carrascos, e as azinhagas sem zambujos; parece que todos estavão fallados, que tudo se tinha ajustado, e que algum habil Chefe tinha passado revista ás armas, tudo era igual, tudo uniforme, e huma unanime disposição abrangia todos os animos. No banco immediato ao que eu tinha tomado, se sentárão tres picheleiros, de pousadeiras tão enormes, que o occupárão todo, e todos tres trescalavão a filipina, que era huma consolação, e não foi pequena a minha, quando lhe ouvi dizer em tom acre, e voz segura: = Isto tudo, levou-o o diabo esta noite por huma vez. = Eu disse comigo, que Mestres! O destino me faça tambem esta noite hum bom officiál de picheleiro! Não pude deixar de louvar a prudencia de hum Passamaneiro, que a par de mim se sentou, que antes de o fazer, tacteou primeiro o estado, e a força do banco, e disse, com hum daquelles amargos surrisos, que são precursores de facada: = Está feito, he seguro, não vai abaixo da primeira. = Tarzia na mão huma forquilha de andor, que me parecia o bidente de Plutão: tu és de sicopira, disse elle, não falhas, mas para o que der, e vier, eu venho acautellado, e governado; e desenrola debaixo da vestia, huma façanhosa, e tremenda mão de almofariz, que lhe tinha emprestado hum seu amigo Boticario, sómente por aquella noite, como traste, que elle não pódia dispensar por muito tempo. V. m., lhe disse eu com voz branda, e comezinha, V. m. vem ver serrar a velha? Logo verá, tornou elle, logo verá o que eu venho cá fazer, e arruma-me hum latinório, que me deixou aturdido: = Aqui não fica hoje cousa alguma das que V. m. está vendo, *in statu quo, ante bellum.* — Ah!...

Nescia mens hominum Fati, sortis quæ futuræ.

Bem sabia este Heroé, que eu estava destinado para immortalizar o seu nome no meu escrito, é a Posteridade o devia ainda encher de benção pelos altos feitos daquella noite,

Cum subit illius tristissima noctis imago!

Os que havião de abrazar Troia estavão já dentro do buxo daquella cavallar almanjarra. Até lá pelas torrinhas

Summo ullularunt vertice Nimphae.

Tambem aquellas recatadas Donzellas derão signal de si. Eu mesmo, que não sou dos mais debeis, credulos, e agoureiros, ou fosse porque assim acontecesse, ou porque a minha então ardente imaginação mo'representasse, me pareceo vêr no ar, dois covados acima do candieiro, sobre hum throno formado de sarrafos, bengalas, e assobios a Imagem da Pateada. Cezar assim vio Roma na fatal noute da passagem do Robicon. Era ella, era ella! A cara assanhada, em torno della fulguravão os raios, quasi se ouvião os trovões; nuvens de migalhas de bancos formavão ao seu lado grupos espantosos. Em huma das mãos tinha huma caxeira de carvalho, na outra huma gaita de capador, com os sete tubos de corno, como a do capripede Pan. Aos pés estáva hum quarteirão de Authores dramaticos, que lhe pedião misericordia. Ella imperiosa, com os cothurnos solados de aço puro, pisava rasgadas, e esfrangalhadas Peças, os titulos de algumas ainda se me fazião visiveis, illuminavão-se na obscuridade, pela arte fantasmagorica dos investigadores, e eu li perfeitamente, calcadas aos pés da Deosa, a Tramazia, o D. Sebastião acabando, sem acabar de morrer, elevado em huma nuvem; a Selira, o Condestavel, o Themistocles, o Tigranes, a Menalida, os Bramecidas; sim, meu amigo, ainda pude devisar estes titulos; e encarando mais em o Nume, vi que era ella, e não podia deixar de ser.

O' Dea certe!
Namque haud tibi vultus mortalis....

Ella se me surrio, e se me quiz dar a conhecer por hum movimento natural, que foi levantar hum pouco perpendicularmente a caxeira....

Et vera incessu patuit Dea.

Eu então alguma cousa compungido, me virei a ella com o meu coração, já que meus olhos corporaes erão dignos de a estar vendo, e lhe disse: Oh Deosa; tu que te comprazes de vêr crescer, e engrossar os Pinhaes da Livonia, e de Leiria, para nova construcção, e amanhos de bancos, e sólhos, que tu tão furiosamente esmigalhas, digna-te, oh Deosa, de me emprestar propicia huma parte do teu vigor esta noute, para que huma obra que he tão grata aos teus olhos, e na qual interessa tanto a tua gloria, não arreie pela minha parte *per omnia secula seculorum*... Com quanto prazer, meu amigo, vi eu a Deosa dar-me de lá hum Amen com a cabeça! E fazendo este aceno, lá foi subindo, e sumindo-se na região das trovoadas; eu que estava fóra de mim como absorto na prodigiosa visão, não tinha dado fé de que tinha começado huma das mais infernaes synfonias, que no tempo das musicas de Guiné se ouvião pelas portas das Igrejas, antes que o orgulhoso Zabumba ficasse senhor do

Campo. A noite era a destinada para a ruina de Troia:

Has avertit opes, dejicitque a culmine Troiano.

O meu camarada, e visinho Passamaneiro, quiz fazer prova da endiabrada mão do almofariz; ao continuar hum retornello à solo da maldita synfonia, deo a primeira badalada, era hum daquelles sinos de oitocentos mil quintaes de bronze, que Fernão Mendes, meu respeitavel Avoengo, vio na Cidade de Champá na grande Ilha dos Lequios, seguirão-se-lhe menores garridas, com tão afervorado rebate, que disse o accendedor do cebo, que ainda andava pelos camarotes, e em alto, e bom som; temo-la real esta noite! Os Musicos enfiárão de vêr pela primeira vez no seculo 19.º Pateada á synfonia.

Era já o panno em cima, e era a Actriz junto ao ponto, tão trémula, e tão pálida como o Aiace de Juvenal.

Surgis tu pálidus Aiax
Dicturus dubia pro libertate, bubulco.

Ninguem se atreveo a pedir silencio, e attenção com hum unico — sio.... — ella começou:

Honra, Patria, sandeos, oh Téjo, oh Tejo!
Que tempestade de bordões prevejo!....

Foi aqui que se realisou aquella, tantas vezes prognosticada, e nunca realisada ruina, foi aqui que cahio o Carmo; a forquilha do meu companheiro, abrangia sete bancos, eu, como o pequeno Ascanio atraz de Eneas,

Sequiturque Patrem non passibus equis,
hia como podia seguindo a sua trilha, e exemplo, com a circunspecção de quem recolhia memorias para a grande, e apparatosa Historia, em que os vindouros, como em mestra de vida, devem admirar o quadro da Pateada real. Já vêdes, que o Elogio alli ficou, sentio-se' hum grande trambulhão em huma Angra, era o Poeta que tinha pedido aquelle sitio mais retirado, para se saborear nos apuros da sua arte; e cahindo em syncope, *baqueou* tãobem no meio do chão, como o Elogio tinha *baqueado* em terra: acodio-se-lhe do Botequim com huma poncheira, aquelle aroma o restaurou, ainda, a dez varas de distancia, deo dois roncos, deixou a tijella em lustro, amal-

dicoou o ferreo gosto do seculo, appellou para o juizo imparcial da Posteridade, e sem vergonha nenhuma deixou-se ficar muito enxuto, pedindo lhe segundassem a malga, e lhe accendessem hum sigarro. Muito tardou, meu amigo, muito tardou a fatal Peça! Parece que fizerão concelho os Deoses n'alta Corte, se iria, ou não iria a Peça. Baccho, tão inimigo sempre da nossa gloria, como se vê por todo o decurso, e capitulos das Lusiadas, não queria; mas prevaleceo o voto de Marte, como cousa sua, pois era a tomada de huma Praça tão forte, e tão aguerrida, como a Villa da Figueira. Praça da primeira ordem, e a primeira que no Occidente se edificou conforme o systema de Vauban; para as obras exteriores tinha mandado os modelos o grande Belidoro; alli se veio tirar a planta para Brandenburgo, e tinha dentro oito gendármes, cada hum delles com humas embotadeiras de tres varas de panno de linho, cousa muito medonha, e terrivel para vêr. Em fim, prevaleceo Marte, que estava como huma polvora, assanhado, e com o escudo deitado para traz pelas costas abaixo, em ar de pavióla, como bem o pinta o Principe dos Poetas. A plátéa estava em calma, mas era a calma do raio, era o silêncio da desesperação, era a pausa do Touro, que determina enfeixar os homens dos forcados, e saltar á trincheira. O apito soou; mas com voz debil, como que se negava ao necessario officio, quebrou-se huma adrissa de barlavento ao panno, que não queria subir, tudo erão presagios da já perpendicular borrasca, foi com effeito acima, ainda que, da banda de Noroeste, ficou huma ponta cahida, como quem queria vir de novo ao chão. Veio a Peça. Ah meu amigo, a 1.ª scena, era hum Cabo de esquadra, com o Furriel da companhia, a repartirem, e a furtarem o canoco, aqui veio a petição de hum soldado, que queria pagar o piquete, porque tinha tomado huma lagem de tremer, e não estava capaz: a 1.ª scena era em Coimbra, a 2.ª devia ser em Tentugal, para onde marchava o Exercito, composto de trinta e huma pessoas, que devião formar em duas columnas; nisto chegou hum espia, que annunciou, que pelo caminho da Mialhada vinha hum Gendarme a pé, ambas as columnas formárão o quadro para receber esse formidavel inimigo. Os tres picheleiros, ou porque não tivessem coração para vêr sangue, ou porque fossem os tres representantes do povo pateante, todos tres com movimento, e denodo uniforme, como estavão senhores do banco, deitando os capotes atraz, encarapitados no mesmo banco, abaixão lanças, fere a terra fogo; eu não vi senão levantar tres caxeiras, o raio não desce mais veloz; os golpes, o fumo, os alaridos, e aqui a meu bombordo, o badalo do almofariz: diz-se que fizera menos bulha a escalada de Ismail, e Oczacow... e que he cousa muito mais silenciosa hum Aduar de Mouros. Mas em fim as grandes febres remitem, os grandes, e espantosos temporaes, ao quarto dia de Lua, socegão alguma cousa; o Passamaneiro, que era na verdade o fundamento daquelle infernal Coreto, chegou na malhação áquelle ponto em que diz Juvenal parára certa pessoa: *Lassata... et non satiata recedit*. Não cuide, meu amigo, que o Passamaneiro era homem de se satisfazer com hum, ou dois bancos esmigalhados, cançou, mas não se fartou.

O quadrado impenetrável das trinta e huma pessoas ainda estava formado, porque o Gendarme vinha côxo, e sentou-se hum pouco nas batarias da cabeça da ponte de Agua de Maias a comer hum bocado de pão, com que lhe atirára hum arrieiro, que hia passando. O Estado maior dos trinta e hum trabalhava sem cessar, as avançadas, que de hum tezo observavão o inimigo, tanto que o virão ajuntar as migalhas, e no concavo da mão direita introduzilas por baldeação n'alma da bôca, em boa ordem se retirárão na sua frente; esta habil manobra foi vista pelos quadrados, que união mais o macisso. A platéa, alguma cousa attenta a estas evoluções da grande Táctica, socegava hum tanto. Esta não esperada pausa foi presentida pelos cómicos, que julgárão do interesse da empreza não desprezar a occasião, visto terem levantado tanto os jornaes dos carpinteiros: hum Histrião conhecido do Póvo por discreto, e prompto em dictos agudos, em quanto os tres picheleiros alimpavão o suor, e o formidavel Bronte do Passamaneiro descançava com o malho atroador, chegou á ponta do Pálco, varejando-lhe as pernas a ponto de se-lhes tocarem os joelhos hum no outro, assentou de conter o subsequente fragor com este eloquente discurso: — Senhores, Anaxágoras, e Socrates erão Filosofos, e os Athenienses erão homens. Ramos, e Galilêo forão perseguidos, e o seu delicto foi ter querido dizer verdades. — Bravo, disse maquinalmente o povo todo. Bonito, disse o Passamaneiro, mas logo fallaremos a respeito da retomada da Praça da Figueira. Ora, meu amigo, deo-se por acabado o 1.º Acto, vindo o panno abaixo em cima dos quadrados, que com huma firmeza digna dos granadeiros de Brunsvick, permanecia ainda no campo á espera do Gendarme, que se tinha sumido em huma Taberna.

A trincheira da Musica estava deserta, e tão prudente, que escalavrada da primeira, não esperou por segunda, não querendo entrar no curro senão á dança dos tres Bachás, e das tres Bachonas. Começou o segundo acto, sem synfonia, foi o panno acima, appareceo vista de campo, sem vestigios do quadrado. Rompião este segundo acto, que era o ultimo (e aquella a ultima vez, que apparecia no mundo) duas Vivandeiras rivaes, que hião nas bagagens da segunda columna, que, segundo ellas dizião, acabava de desfilar naquelle instante pela estrada militar de Tentugal, para onde se movia o exercito grande. Estas Senhoras erão duas lavandeiras illustres, que seguião disfarçadas no humilde uniforme de Vivandeiras os seus respeçtivos amantes. Huma dellas tinha tido casa de povo, e entendia-se muito bem com o vinho aquartilhado; travando de razões com a companheira, desenrolou hum formidavel vergalho para a zurzir protestando que era capaz de levar debaixo todo o valor militar... que Cubilhas, e Manoela Sanches, á sua vista, erão huns cominhos. Aqui foi o fim da Peça, e eu cuidei que era o fim do mundo. Como os Ciclopes nas Ferrarias Eolias,

Inter sese brachia tolunt,

eu via braços, via bordões, via o inferno; o Passamaneiro tinha despido a vestia, arregaçado as mangas da camiza, em quanto durou o coloquio das duas Vivandeiras rivaes; a forquilha á pezar da solidez, e rijeza da Sicopira, tinha saltado feita em pedaços, até á quinta ordem de camarotes; os platéas todos erão o Principe Eugenio, e o Batalhão Palfi a subirem a gola do baluarte de Belgrado, onde o Vizir Jussuf tinha levantado a bandeirinha verde, e o rabo da egoa, que foi do Capitaõ Mafamede; a bateria dos noventa canhões, que estava na margem esquerda do Sàvo sóava menos: a poeirada era ainda mais densa que a que levantára o exercito de carneiros, quando D. Quixote avançou a passo de ataque, como o Maneta pela aldêa de Serpentina, que se ha de ainda edificar nas faldas da Serra da Estrella. O Pai Maranhão, mettido dentro de hum saco para esperar o Touro na Praça do Salitre, naõ ouvio jamais taõ agudos assobios. O Guriteiro do Bilhar do Theatro veio correndo á porta da platéa, gritando, que fizessem suas mercês calar o fogo, que parte do telhado já cahia, que o angulo occidental da grande fachada do botequim estava em terra... Homem taõ respeitado conteve a commoçaõ, reinou a calma por hum instante. A platéa estava já raza como a Náo Oriente, antes que saltasse aos ares, no porto de Abukir. Venhão os tres Bachás, clamou o povo: o ponto, que ainda permanecia no buraco, onde tinha alapardado a cabeça, não se atrevendo a sahir, temendo ainda estilhaço de banco, dos muitos que ainda descrevião a terrivel parabola, respondeo: ahi vem já, Senhores, que estão pondo as tres caudas cada hum. Com effeito, meu amigo, hum momento antes que a Bacharia apparecesse, senti eu hum reboliço grande, e o meu visinho Passamaneiro, que ainda se conservava de pé, intrepido, e impavido entre as ruinas, vio, e disse, que era o Author da Peça, que o levavão para casa desmaiado em huma cadeirinha, que a toda a pressa se fôra buscar ao largo do Calhariz. Huns cabeças de pão seus amigos, hião feitos guardas Walonas ás portinholas das andas, apressando os machos, e defendendo-lhe as costas dos restos da Pateada; que se tinha acabado na platéa, não acabava nos ouvidos do miseravel, para lhe encher de pavor o coração. Nunca se pôde saber quem elle era, guardava o incógnito, e a multidão acompanhante dos cabeças de páo nunca lhe deixou vêr os bigodes. Foi hum astro que se eclipsou na mesma primeira noite do seu fatal apparecimento.

Bachás mais baixos nunca vi; meu amigo, as roupas talares, e rossagantes, as tres enormes caudas, lhe tiravão todo o garbo, e valentia no dançar. Depois dos primeiros passos ao som do apito do Contra-regra, ou contradança, appareceo a grande vista do Solimão sublimado, appareceo Selim, que tinha sido apeado do throno, como doudo que era, e toda a sua teima, era assentar-se em cima das costas, e lombos dos tres Bachás. As tres Bachonás, para livrárem daquella ignominia os tres Bachás, fazião, dançando, muitas mesuras, acocorando-se humildemente diante de Solimão sublimado, de que ellas muito, e muito necessitavão. O Selim continuava as gambadas proseguindo na sua teima de procurar a garupa dos Bachás, Solimão, e os Janizaros disfarçavão, tomando café; e o Selim, ou fosse por acaso, ou por arte, como era muito liso, e leve, colheo pelo lombo hum dos tres Bachás, que era o mais velho, e o tinha sido de Babylonia, e de Scutari, de tal maneira se lhe engalfinhou, q̃ lhe ficou em cima com tanta propriedade, e *justeza*, que parecia haver nascido para aquelle costado. Ora como selim ganhou esta victoria, ficou senhor daquelle vasto terreno, não sendo propria a cauda de quem traz selim, se determinou no decreto de acenos pantomimicos, que lhes fossem cortadas todas tres, e para esta circuncizão foi determinado o Múfti com dois Faquires, que apparecérão com huns cutelos tremendissimos. A Bachona a quem aquelle Bachá pertencia, vendo, e sentindo inevitavel a derrabação, cahio em desmaio, dançando. As Donas, e os Eunucos negros do Harem sahirão todos pranteando a sorte da sua Senhora, e a affrontosa amputação do Senhor, de cujas costas se não despegava o pertinacissimo Selim, parece que alli estava grudado com a goma da Ipicacuanha, novamente investigada. Aqui, meu amigo, aqui foi segunda vez a tomada; e a queda de Troia, é de huma bem insignificante circumstancia nasceo tanta ruina. Os Eunucos negros, que pranteavão a sorte da formosa Ba-

chona, dançando em rodà della, para-
darem mór força ao fingido pranto, e
fazerem sentir por acções seus alaridos,
fizerão tão estranhas carantonhas, e
rasgárão tanto até ás orelhas as pestilentes bôcas, que os Ethyopes da Angra de Santa Helena, que escanelárão
Vasco da Gama, como diz o Principe
dos Poetas, na sessão 5.ª §. ultimo das
suas Lusiadas, não erão mais feios. Eu
cuidei que o riso, que na verdade não
devião conter tantos amigos da platéa,
costumada a gargalhadas á vista de outras carantonhas cantantes, bastasse para applaudir os Eucucos negros, ós Bachás, o Solimão, e apear o Selim dos
hombros do albardado Bachá; não foi
assim. A Pateada real estava decreta-
da por hum Senatus-consulto, emana-
do dos comicios populares universaes,
e mais inexoravel que a Lei Scatinia,
e que a Lei Papia se devia irremissi-
velmente cumprir naquella noite. A pe-
nás hum Eunuco negro puchou por hum
frasquinho de amoniaco oxigenio, para o arrumar ás ventas da desmaiada
Bachona.... Não sei dizer, senão
que o meu bom visinho Passamaneiro
levantou a pino a *bronzea mão do Gral-*

Farmacopóla, Fit via vi, disse o grande Virgilio, a primeira pancada foi o tiro da Colombrina de Damão.

Totum nutu tremefecit Olympum.

Assim remugia a montanha de Bussaco, assim rebentou o volcão do Hécla, assim sôa huma escóla de meninos, em argumentos de taboada, em hum Sabbado de tarde, assim soou o ecco dos applausos, que os Poëtas derão no Botequim, quando se repetio o immortal verso,

Gyros de Febo cinco vezes nove.

Com similhante grita foi para o fundo o Junco de Antonio de Faria nos baixos de Liampôo, assim naufragou a esquadra invencivel de Filippe II. no canal da Mancha!... O continuo malhar, como se aquillo fosse senteio verde, causou hum universal tremor, e continua convulsão espantosa pelas amuradas do Theatro; vacilarão, cahirão as serpentinas, e as vélas de sebo, como Cometas infaustos, despegados das suas excentricas orbitas, se vinhão apagando pelos ares. Huma repentina, e pavorosa escuridão se espalhou de todas as partes, envolveo tudo, mas ainda pelo tacto continuava a malhoada, com tanta confusão, e horror, que apenas se escutou huma voz, a que se podia chamar hum trovão subterraneo, que dizia:— Levou ó Diabo os Bachás. — E as Bachonas, tornou o meu visinho Passamaneiro, segundando hum golpe com tanta fortaleza, que espantada a turba pateante, fez alto... Jove então, como diz o sublime, e terrivel Estacio,

Lançando os olhos ás cavernas do Etna
A Esfera asserenou, deo paz ao Mundo...

E a Zanguizarra, meu amigo? Não se representou. O ponto tinha morrido; e quando as tigéllas de sebo tornárão acima, vio-se aquella almanjarra estirada no meio da scena.

Não sei, meu amigo, o mais que aconteceria na Praça da Figueira, talvez que o que ordinariamente acontece, que he estarem lá as cousas pela hora da morte. Eu mesmo, costumado áquelles combates, não estava muito senhor de mim, é ainda que, como pintor, destinado a conservar por beneficio das côres, aquelle painel de milagre na posteridade, dei por completamente satisfeito o vivo desejo que tinha, de vêr huma Pateada real. O Theatro representava a imagem das ruinas das Thermas de Diocleciano, e os restos do Colliseo, todas as taboas erão restos de maior quantia, e com mais tres, ou quatro badaladas da immensa mão do almofariz, nas mãos do Sansão Passamaneiro, ficaria toda aquella cangalhada hum novo Herculano subterrado pelas lavas do Vesuvio, para dar, daqui a seculos, que fazer aos Antiquarios, e encher-lhes de prazer a alma velha, com o achado de quatro tarecos quebrados; por certo daria muito que especular a hum futuro Lavater, e a hum futuro Gall o immenso craneo do ponto, e a desforme largura do osso coronal. Quiz a ventura, que o Passamaneiro se désse por satisfeito, e que sahisse, dizendo: vou entregar a mão de gral a seu dono, que quer esta noite pizar viboras para hum charôpe.

A onda do povo era grande, e grossa, o aperto da sahida grande, parece que até ás nuvens tinha subido o furor de patear, cahia huma chuva diluvial, cujo zunido se augmentava pelo berro medonho de trovões suturnos, com tão bastos relampagos, que parecia huma tempestade poetica. Eu estava enfadado da galhofa, e o inexoravel Passamaneiro, homem de huma moedora pachorra, disse, eu se me torno a sentar, torno a patear, e dando duas passadas de tres toezas cada huma, foi pôr casualmente o pé em huma cousa redonda, que parecia assim por modo de hum odre dos Touros; era hum homem que tinha cahido no tropel, e quasi esmagado poz-se a grunhir debaixo:

Valhamos esta noite, ó Portuguezes, [perigo
Ao q em noite he perpetua, em magoa, em
Sem olhos para o vêr, sem pés que fujão.

Isto dizia o tal vulto redondo, e esborrachado, com hum tom tão magoado, e mavioso, que seria capaz de conter a mesma Pateada real, quando está em sua fervura levanta maior cachão: mas a que ponto subio o meu assombro, quando vi os progressos, que a Filosofia tem feito neste nosso bom seculo, depois de estabelecida sua Escóla na boa Cidade de Paris! Ainda soavão os eccos enternecedores do vulto redondo, quando ,hum Filosofo minéralógico, que hia passando junto delle, lhe tornou, com huma apáthica frieza digna do Pórtico, pois, meu amigo, quem tem calos não vem a apertos: e como senão fosse a humanidade que gemesse, passou adiante: viva o sublime heroismo, lhe tornei eu! O Sabio de Stilpon, e o Seneca, não se compadece, que isso seria contrario aos principios do egoismo da escóla. Cheguei-me eu, meu amigo, e vi que o vulto se remexía, humas vezes *ressupino*, outras *de papo*, e admirei-me de ver alli o — *truncus eram ficulneus* de que falla o nosso Horacio; e como já o fio dos passantes hia menos grosso tive lugar de contemplar o vulto estirado, era huma cousa assim por modo de hum ente, que forceja por passar do estado de satyro, para o estado de homem: dalli o levarão os mesmos cómicos para a casa dos ensaios, e não sei o beneficio, que lhe farião depois.

Muito me tenho demorado nesta parte das minhas memorias historicas; mas a dignidade, e grandeza da materia, assim o pedião ao mister de hum

Historiador Filososo. - He cousa de grande trabalho, e de profundo estudo,

Verbis ea dicere magnum
Quam sit, et angustis hiis addere rebus honorem.

Com estes meus debeis traços poderão os futuros Paterculos, e Tacitos offerecer os seus quadros acabados á Posteridade; e possa ainda hum Degerando profundo traçar hum plano seguido dos systemas combinados da Pateação Theatral. Eu levantei huma pequena porção daquelle dourado véo, que se estendia por cima deste portentoso mysterio. O meu vôo foi grande, e remontei-me a hum fluido, em que não pude conservar-me por muito tempo, pela debilidade dos meus pulmões, que eu desejava ter a prova de bomba, para fazer huma digna perna na Pateada real.

CAPITULO VI.

Da Pateada picada.

JÁ' vos annunciei, que a *simples região do facil* me era muito mais agradavel, e que manejo com mais facilidade os ligeiros pinceis de Vanloo, que os valentes, e terriveis de Correggió, e Dominichino. Eu vim a conhecer, depois de longo estudo, e observação, a indole, e os motivos da Pateada picada; e como adoptei o methodo de Des-Cartes, o meu maior cuidado he simplificar as idéas complicadas, lembrando-me tambem daquelle famoso Canon do immortal Quintiliano — *Prima stili virtus, prespicuitas.* A clareza do estilo vem da clareza das idéas, e quem claramente pensa, claramente se exprime. A' simples enunciação de — Pateada picada — parece que se trata de hum objecto facil, mas não he assim, e esta materia pede hum apparato, ou prolegomenos previos, que ponhão o entendimento dos contemplativos ao alcance desta complicadissima materia, e a mais difficil que tem exercitado a penna, e as vigilias dos Filosofos, pela sua muita delicadeza. Vós não conheceis os Cómicos, meu amigo, (e fez-vos a ventura esta mercê,) os Cómicos são huns entes da classe aberrante do centro commum da humanidade. E quando o Filosofo Romano quiz dar a conhecer a extravagancia de huma Nação, disse — *Natio Comœda est* — isto he huma cousa, a que os nossos bons antigos chamavão, salsada de galhardos, cousa que senão entende. A mesma *Troupe* de Moliere era hum cabaço de minhocas sempre agitadas, fantasticas, caprichosas, e inquietas sempre. Huma das suas invenciveis teimas, e de cujo remedio desesperaria o mesmissimo Boerhave, he não querer aceitar, nem representar papeis odiosos. Não houve diabo algum daquelles, que quizesse aceitar o papel de Sejano, em hum Entremez intitulado — Tiberio na Ilha de Cáprea. — Censervai bem na memoria esta fatal teima, ou embirração, para conhecerdes depois huma das causas primordiaes da Pateada picada. Procedamos pois dos factos particulares ás idéas Methafisicas, e universaes. Bem vedes o que o calculo, e a Analyse tem feito neste seculo.

Hum Crebillon, meu amigo, tinha composto hum famoso Drama em doze actos, intitulado: Os doze Pares de França; que erão por boas, e ajustadas contas, vinte e quatro cabeças: a grande Peça foi aprovada, mas as difficuldades *insurmontaveis* apparecêrão ao repartir partes. Nenhum Cómico quiz ser o traidor Galalão, nenhuma Cómica quiz a Giganta Amiota á sua parte, houve vergonhosas descomposturas entre duas primeiras Damas, porque cada huma dellas queria ser á mão tente a formosa Floripes: nenhum Histrião subalterno quiz ser Gui de Borgonha, só para não ir para á fôrca com a corda ao pescoço, acompanhado de dez mil Turcos, como com tanta verdade conta o Arcebispo Turpim, temendo não acabasse deveras o que era simples representação. Tinha hum aceitado a parte de Ricardo de Normandia, e outro a do gigante Galafre; estes dois Cómicos, erão inimigos particulares, e hum delles começou a dizer, que não queria ser Galafre; só para não dar o gostinho ao Ricardo de Normandia de lhe partir a cabeça com a hacha de armas, na passagem da Ponte de Mantible; O que estava para Ferrabraz custou muito a acomodar, para consentir que o que estava para Oliveiros lhe cortasse com hum fendente as cadêas das duas ancoretas de balsamo copaiba, que levava penduradas do arção da sella. Tudo era huma confusão, e tudo huma desordem. Todos os primeiros Galãs querião a parte de Roldão; mas hum demonio daquelles, bem costumado ás partes de velho, teimou, que não queria, e que não queria, ser o Almirante Balão, fundando-se em huma regra de congruencia, dizendo, que alli não havia esquadra nenhuma, de que fosse Almirante, e que este termo era improprio, que se emendasse a Historia, e que se o querião, que só aceitaria a parte de Agá dos Janizaros, mas que o seu maior gostinho era ser o Capitão Pachá, e que tinha vontade de andar cruzando nos Dardanelos, para defender as invasões no Turquestan. A tão grandes despropositos acudio o Emprezario, que sentia pichinchá na Péça, (cuja representação era a verdadeira chamariz da padaria, e creio, que na tarde que precedesse á récita, não ficaria em todas as Officinas da Fundição, e Ribeira, hum individuo que trabalhasse: tanta he a magica força das proezas, e feitos, que fizerão os doze Pares, que de tanto servirão a Carlos Mágno, predecessor de Bonaparte, como elle lhe chama!)

Acodio pois o Emprezario á fatal desordem, acomodou a bulha, repartio os papeis. Só houve hum escrupulosinho da parte de Floripes, que foi não querer estar muito tempo mettida dentro da Torre, em quanto ós Cavalleiros pelejassem, declarando outro sim, que apenas os Turcos pozessem fogo á Torre, a tirarião logo, custasse o que custasse, porque farta estava ella de levar botões de fogo em huma grande molestia que padecêra, de que ainda se lombrigavão honradas cicatrizes em o nevado pescoço. Com effeito capitulou o Emprezario, e sobscreveo a todas estas impertinentes clausulas, e artigos da *rendição* daquelle Baluarte. Mas, ou porque o diabo não dorme, ou porque seja impossivel fazer concordar, é acomodar o *genus irritabile* dos Histriões, forão tantas as poeiras levantadas nos ensaios, que esteve por muitas vezes a ponto de se dissolver aquelle infernal Parlamento. A maior dúvida foi teimar o que fazia de Ferrabraz, que depois de ferido por Oliveiros, e rendido á discrição, depois da inreparavel perda dos dois almudes de balsamo, não queria ser baptizado por Oliveiros, porque o que fazia de Oliveiros tinha dito, a quem o foi logo metter no bico a Ferrabraz, que quando o baptizasse, o havia deixar como hum pinto diante de todos. Teimava o Ferrabraz, que depois de estar mettido no rio, o Oliveiros não havia ter a confiança de lhe mergulhar a cabeça, sobpena de lhe fazer alli mesmo alguma maroteira de tremer. O Almirante Balão, como o não quizerão fazer Agá, protestava, que na vespera da récita, depois dos Cartazes postos, se havia dar por doente. A Giganta Amiota gritava, que não queria ir de tamancos, para parecer mais alta, que era cousa em que nunca andára, e que não queria que a achincalhassem, se désse alguma topada. O que estava para Galalão disse que não estava para fazer de traidor em Roncesvalles, nem entregar Roldão, que quebrasse este, muito embora, a sua espada na penha da cova da Tristefeia, que a sua gente hia naquella noite para hum camarote, e que elle não queria representar papeis infames diante de huma sua Tia, que lhe queria muito.

Assim andavão baralhadas as partes da Peça, sem que o Emprezario se soubesse dar a conselho; mas como era varão constante, não se deixou abalar daquellas parvoices, e teimou que a Peça devia ir; e logo os mesmos cómicos jurárão, que se fosse, iria huma só vez, que elles a enterrarião para sempre. A Floripes protestou, que se havia de desquitar do Gui de Borgonha, a Amiota jurou, que se havia acocorar tanto, que em lugar de Giganta, havia de parecer huma Anã acarrapatada, o Galafre jurou, que havia fazer huma desfeita a Ricardo de Normandia, quando este na Ponte de Mantible, disfarçado em Marchante, deitasse abaixo o Gabão, com que escondia as Armas brancas, de que vinha vestido. O Roldão poz a mão nas cruzes da Durindana, e jurou que havia levar o diabo o Galalão, antes que entrasse na cova da Tristefeia; e o Gastão de Languedoc, sem dizer o que havia de fazer, disse, que elle daria remedio a tudo, e que elle enterraria a Peça de modo, que não houvesse mais fumos dos doze Pares.

 Vós deveis saber, meu amigo, que cada hum dos Cómicos, tem o privilegio de possuir huma duzia, ou duzia e meia de senhas, que são huns papelinhos pequenos, com letras encarnadas, que dizem — Platéa geral; — elles costumão com estes Passaportes brindar os seus amigos, que assim gozão do Espectaculo com Carta de Guia. Todos destribuirão as fataes senhas, com a impreterivel condição de irem picando a Peça, desde que ella se começasse a representar, até ao fim.

At vindicta bonum vita jocundius ipsa,

diz o grande Juvenal, e os cómicos são taes, que por caprichos particulares se vingão de si mesmo, muito principalmente quando elles não são socios na empreza, e até quando são socios, se a rivalidade os róe, se a teima de não quererem papeis odiosos os agita, tudo vai razo, querem com muito gosto levar nas ventas huma Pateada, com tanto que a Peça não vá por diante, seja embora, ou não seja, do gosto do meritissimo vulgo. Seja embora a Peça do mesmo Federice, *este habil, e perfeito manejador, e manipolador das scenas, que no seu bem trabalhado entrexo, sempre encerrou a moral mais senti-*

mental. A Peça dos Pares sempre mereceo a vulgar acceitação, todas as vezes que a sociedade nacional, para mostrar a sua gratidão a hum povo tão generoso, como illuminado, a poz em scena. A turba, que tinha recebido as senhas, se tinha dividido em brigadas pela platéa, os chefes de batalhão começárão logo de espalhar, pelos indifferentes, voz, e fama, que a Peça era huma borracheira, que era huma peste, como os tres Magicos da Persia. Mas isto era huma solemne mentira, porque os doze Pares era a cousa mais sentimental que se tinha visto, e na morte de Oliveiros, tinha sido tal o pranto na classe media dos Çapateiros, que esteve a Peça para se não acabar, clamando todos, que apparecesse das varandas o seu Author, para ser coroado delles, como o fôra o velho pai da Zaira, e Mafoma em o Theatro de Paris.

A 1.ª scena era a mais terna, que se tinha visto. Rompia o Almirante Balão com hum monólogo, que parecia deveras hum Anteloquio, e tão florido, como a relação do proprio Taramene na Fedra de Racine: puchava o

Almirante pelas barbas arrepelando-se todo, sem dizer palavra, e tudo isto elle fazia com a maior eloquencia que se tem visto. Os dos magotes, para mostrarem que erão homens de palavra, picárão; então disse eu a huns visinhos picadores, que teimavão mai: — Pois ainda o Almirante não disse palavra, e já nós lá vamos? — Isto he para se resolver-a fallar, tornarão elles, antes que acabe de depinicar as barbas todas. Com effeito, ouvio-se a voz do Almirante, que começou amargamente a queixar-se da ingratidão de sua filha Floripes, que além de lhe abalar com huns vintens de que muito precisava, lhe levará, de envolta com huns lençoes de panninho, o cofre das Reliquias, que era a cousa que elle Almirante Balão mais estimava neste Mundo, e o mais precioso despojo, que encontrára na tenda d'ElRei Clarião, quando o vencera nos campos da Panasqueira. Esta foi tamanha, que não só os apalavrados picárão, piquei eu tambem, e piquei rijo. Pescou-me o contra-regra, que mandou correr logo o bastidor da vista da Torre aberta, e apparecêrão os doze Pares, todos como doze bebados, sentados á roda de huma meza em huma Taberna de Paço d'arcos, comendo pão seco, queixando-se Roldão, que a maior pena, que sentia, era a falta de forragens para o seu cavallo Bibiena, porque os Turcos tinhão apertado a Torre com hum cordão muito grosso. Floripes, pegando no cofre das Reliquias, o punha com muita devoção sobre a cabeça dos Pares, dizendo-lhes em muito concertadas vozes, que hum dia máo passageiro era, que se a fome era muita, elles, sahindo da Torre, podião fazer de huma via dous mandados, que era interceptarem as azémolas dos Turcos, que hião carregadas de toucinho do norte para os arraiaes dos infieis, e livrarem o seu querido Gui de Borgonha, porque era aquelle o terceiro dia de Oratorio, e que não distava muito da forca. Esta palavra forca apertou muito a garganta aos cavalleiros, de sorte que se fizerão roxos com o pezo daquella mágoa, e todos assentárão, que fosse Floripes para a janella da Torre espreitar, e que quando ouvisse a campainha, e visse os rapazes, e as mulheres com crianças ao colo, que vinhão adiante para tomar lugar, que lhe passasse aviso, porque elles se hião pôr em fervorosa oração, para alcançarem fortaleza para acabarem com aquelle feito, livrando o companheiro na occasião de chegar ás mesmas escadas da forca, quando estivesse a comer hum bocadinho de marmelada. Os Cavalleiros se retirarão lá para dentro, e aqui teve lugar huma scena muda, que eu cuidei que produzisse hum grande effeito, que poi appareeer a cabeça de Floripes por hum vidro quebrado da janella da Torre, com o ouvido á escuta, a vêr se pescava o tilim da campainha, e o magote de povo que vinha adiante do tal enterro em vida. E, ou fosse porque a mulher se esgalgasse muito, ou porque com effeito tivesse tres palmos de pescoço, o certo he, que tivemos tres quartos de hora de scena muda, não se vendo em todo o Theatro, mais que a cabecinha da Floripes, como hum ganço em capoeira da Praça, a mexer, e remexer o pescoço, sem proferir huma palavra; e como aquillo não passava de vista, de gasnate, os batalhões picarão, e piquei eu tambem, e mais rijo alguma cousa, que fazendo cócegas a toda a respeitavel platéa, deo toda huma arrazoada banda, de tal geito, que hum cavaco de banco saltou com tanta valentia, que colhèo pela nuca a boa da Floripes, que immediatamente se eclipsou o pescoço e a cabeça, gastando o seu tempo em se recolher de todo, em razão do seu desforme comprimento.

Erão já os fins do 1. acto, e eu cuidei, que a Peça se sustivesse com o scenario, e vestuario do segundo, que constava de doze cavallos, em que vierão montar os doze Pares, com mais hum Palafrem calçado dos quatro pés, e com huma silva branca, e remendada na testa, que vinha rematar na barbela, que estava destinado para Floripes fugir, no caso que os Cavalleiros sahissem mal do desbarate dos dez mil Turcos que apparecêrão em scena e no meio delles o Gui de Borgonha descalço, e com huma grande soga de esparto nova ao pescoço, e atrás delle o carrasco com huma barretina de furta-côres, de que pendia hum Habito de hum largo listão. Os Cavalleiros sahirão da Torre, e antes de se montarem, mostrou-lhes Floripes do alto da janella o cofre das

Reliquias, que elles com muito acatamento venerárão, huns tirando de todo os morriões, outros abaixando a viseira, outros desafivelando a cellada. O primeiro que montou de hum salto, foi Roldão, e recebendo a lança da mão do seu Pagem, tendo-a em riste bem segura pelo conto, fez, e prégou hum sermão aos companheiros, como fez Luiz Gonçalves Malafaia aos seus, antes que entrassem na estacada da Corte de Inglaterra, a desafrontar as Donas, afrontadas pela muita cerveja, é Rum, que se tinha entornado em cima de hum rosbif nas vodas do Conde de Cornualhes. Ricardo de Normandia, que hia destacado ao Imperador Carlos, que estava em Agramonte, se despedia com muitas lagrimas dos Cavalleiros, encommendando-se ao cofre das Reliquias, que a chorosa Floripes ainda tinha na mão, e recebendo das de seu Pagem Vafrino a hacha de armas, exhortando com muita ancia ó seu cavallo, tomou o atalho da Ponte de Mántible, pela muita precisão que havia de soccorro, e gente para apanhar os Turcos por detrás. Os Cavalleiros se pozerão de emboscada por detrás da Torre, porque já soava o fatalissimo tilim da campainha. A platéa, que não gosta de Tragedias, apenas de hum bastidor sahio o primeiro irmão, com a primeira alcofa, a gritar, e a olhar para as janellas, como quem convidava as mulheres para vêrem aquella galhofa, picou tão amiudadamente, que o enterro parou. Quiz sahir Ferrabraz ainda mal convalescido das tres cutiladas da nádega, que lhe derá Oliveiros, e como alguma cousa puxava da perna, vendo o povo a Ferrabraz coxo, levantou tamanha grita, que o Ferrabraz picado da matinada, levou da muleta em que vinha encostado; como era de páo, e em ar de bordão, foi o mesmo que fazer o signal aos batalhões, que manobrárão com tanto acerto, e em tão boa ordem, que alguns anciãos da platéa costumados áquelles perigosos transes, se admirárão como tão repentinamente huma Pateada picada se transformava em Pateada mestra, que assim se devia chamar, pela muita regularidade da batuta, e bem seguido compasso dos musicos pateantes. Com muito prazer, e folias dos meritissimos expectadores se findou este segundo acto; mas ainda faltavão dez, e até os mesmos ouvintes; por cujas frentes, e cabeças se divisavão bem os simbolos da paciencia, disserão, que os não aturarião sem vir o Theatro a terra, que se enforcasse embora o Gui de Borgonha, e que se acabasse a Peça com esta catastrofe. Esta voz foi geral, e tão grata aos cómicos do partido da opposição, que o Galalão, que devia fazer de traidor no 12. acto, deitou a cabeça fóra do panno, como quem muito agradecia aquella mercê. O Galalão-zinho cuidou, que lhe applaudissem muito a gracinha, porém, (como bem diz ó Principe dos Poetas no seu promptuario de viagens, tratado quarto das brigas de Guinè,

Que mais que no barrete se lhe espreita
Que a côr vermelha leva desta feita).

hum Belforinheiro das portas da Misericordia lhe atirou com hum rouxinol de barro, em cujo rabo estava assobiando, com tão malvado, mas certissimo golpe, que se o colhesse, como colheo, hum dedo mais abaixo da fonte, o tombava de todo, assim como o deixou atordoado. Isso não he patear, disse hum velho de cabelleira costumado áquelles terremotos, isso he matar; he o que elle merecia, lhe tornou o da Belforinha, por estar disposto a fazer huma tão grande traição ao forte Roldão, por amor de hum diabo daquelles morréo também Bernardo del Carpio. Este procedimento por via de facto obrigou a vir fóra do panno o mesmo, que tinha a parte de Gui de Borgonha, assim mesmo descalço como estava, com a soga de esparto ao pescoço, e com a alva vestida, e a dizer com voz de quem se via naquellas angustias: — Senhores, ámanhã, que se hão de contar o primeiro deste mez, se ha de representar a bem acceita e interessante comedia intitulada, Hum por outro, já que a presente deo cabo de si, porque V.v. mm. quizerão dar cabo de Galalão, que já lá está com sete pontos na testa, nas mãos do Cirurgião do Theatro. Eu cuidei que a vista do padecente abrandasse, e enternecesse aquella revoltosa multidão; se o mesmo padecente não foge tão depressa, se escapasse, como era de presumir, démorrer no ar, não escapava de morrer no chão: não sei, meu amigo, onde estava guardada tanta laranja podre, todo o palco ficou hum pomar de espinho em dia de ventaneira. Levárão os cómicos a sua por diante, a Peça enterrou-se, e elles mesmos forão os authores, e promotores da Pateada picada; com manifesto detrimento da Empreza, que, sem mais producto que huma récita de mèia casa, ficou perdendo huma enormissima despeza de scenario, e vestuario, além do aluguel dos doze cavallos para os doze Pares, e a alva nova, que se fez para Gui de Borgonha, que além de ninguem mais se querer servir della, era benesse do carrasco, que lhe pertencia, conforme as disposições de melhor direito.

Eis-aqui, meu amigo, hum enigma para o vulgo ignorante, que vê dar huma Pateada a huma Peça regular, e de tanto merecimento como a dos doze Pares, chefe de obra no seu genero, com hum jogo de scenas, no qual brilhava o gosto tanto do Architecto, como do Moralista do Theatro! A divisão dos pareceres, e opiniões sobre este estranho fenomeno theatral foi grande, procurando os melhores juizos dos botequins achar a causa immediata de tamanha desgraça para a Peça; pervalecia universalmente hum voto do Café do deserto, que, se a scena não rompesse pelo arrepelamento das barbas do Almirante Balão, nada daquillo succedia! Oh quanto se engana o vulgo dos homens em suas opiniões sobre os motivos immediatos dos effeitos mais patentes, obvios, e descobertos!

Felix qui potuit rerum cognoscere causas,
Atque metus omnes, et inexorabile Fatum
Subjecit pedibus, strepitumque Acherontis avari.

Este estrepito dos pés e bordões do avaro, e fundo Acheronte da Platéa, só está reservado em suas causas para o conhecimento do Filosofo profundamente meditador. A causa da Pateada picada deriva-se immediatamente do caracter moral dos proprios Histriões, das suas teimas, e birras na repartição das partes, dos motejos, e sutaques, que huns aos outros, e humas ás outras dão nos ensaios. Eu que intentei rivalizar, nesta importantissima historia, com o mesmo Tucydedes, que foi em pessoa vêr todo o Peloponêzo em pezo, para compôr dignamente a Historia da guerra do Peloponezo, condemnei-me voluntariamente a viver alguns tempos com os Cómicos, para bem conhecer o temperamento, ou compleição destes entes extraordinarios, e achár em sua mesma quieta, ingenua, e innocente indole, as causas primordiaes de tantas, e tão incomprehensiveis diabruras da scena. A Sociedade Real de Londres, as Academias todas do Mundo, não me ensinarião mais cousas em Filosofia natural, do que aquella Academia me ensinou despropositos; eu tudo voluntariamente soffria; porque o Filosofo que anda na indagação da verdade, especialmente no Mundo moral, julga, e com razão, ter alcançado hum triunfo, quando tem conseguido o conhecimento de huma causa. A Posteridade, espantada da força, e constáncia do meu engenho, saberá estimar, e abençoar o meu trabalho, e dirão os Posteros, quando os futuros Burmanos, Odendorpios, Petiscos, e Sciopios, derem edições acabadas deste meu escrito, em que de certo dirão.

tantas asneiras como mentiras: — Eis-aqui hum dos mais illustres monumentos, que nos deixou a antiguidade, — Manoel Mendes he o verdadeiro Tacito das Pateadas: e tu, ó grande, ó doutissimo Brothier, que estás por vir, quando deres a mais acabada edição desta minha trabalhada obra, não te deites a adivinhar, como Freinshemio no supplemento de Quinto Curcio, nos teus supplementos, e additamentos; não te fundes, como fizestes a Tacito Romano, na tua imaginação, para gastares longas paginas em determinar se forão quatro, 'se forão cinco os cobertores de papa, que suflocárão Tiberio quando se deitou a dormir. Consulta os Archivos, revolve os Originaes, e se, para desgraça da humanidade, ainda nessas remotas éras houverem Theatros de tanta zanga, como os nossos Theatros, mette-te, eu to peço, quatro dias ao menos com os Cómicos, não importa que vás ganhar huma tisica, que te metta na cova, ajudado de hum bom Medico, tu conhecerás, para cabal commentario da minha obra, que são as que eu aponto, e nenhumas outras, as causas do escandaloso desaforo da Pateada picada:

CAPITULO VII.

Da Pateada rival.

Quanto custá, meu amigo, seguir, e desempenhar bem o methodo Mathematico em qualquer composição! Nós vemos os labyrinthos em que se mettêra o contador Newton, para seguir os principios Mathematicos no seu grande systema da Filosofia natural. Os seus portentosos resultados forão, achar aquellas duas nunca vistas teimas em todos os globos, que são o mesmo que bolas, na composição disto, que se chama mundo; por fim são bolas, humas querem fugir do seu centro, e o centro a puxar por ellas, estas são as que formão o systema solar, a que chamamos o nosso. Se o centro tem mais força, puxa por ellas; e se ellas tem mais força, fogem do centro; e se a força do centro he igual em puxar á força, que tem as bolas em fugir, ficão paradas nesta imbirração, e tudo vem a ser, puxar o centro, e puxarem as bolas, o centro a dizer, cá puxo, e as bolas a gritarem, tambem nós cá puxamos. Ah! e poderia o Mundo conhecer tão importantes puxadellas, se não fossem os principios Mathematicos, e o seu methodo? Vede qual he a sua importancia! O engenhoso systema de Buffon sobre a formação desta bola, chamada Terra, he hum dos mais benemeritos, e illustres filhos dos principios Mathematicos. Conta elle, como se o estivesse vendo, que na grande guerra, que houve entre os Cometas, e os Soes, sobre differenças em ajustes, e no *ultimatum* do tratado de limites, hum Cometa, (sem ser daquelles que tão funestos tem sido para o Izidro) dera tamanha marrada no Sol, que além de lhe esmechar o sangue pelas ventas fóra, lhe saltára huma lasca da cabeça, e que esta lasca fôra ter trinta e tres milhões de legoas longe do Sol, e que se pozera a andar á roda delle; e que esta lasca assim rodante se chama Terra, a qual estivera muitos annos mettida debaixo d'agua, o que se prova das muitas amejoas de pedra que se encontrão por esses montes. Ora senão fossem os principios Mathematicos, como diabo poderião estes dous tão originaes, e tão grandes genios, chegar ao conhecimento de humas verdades destas, que se estão mettendo pelos olhos! Ei-aqui porque eu adoptei nestas minhas trabalhosissimas lucubrações, o methodo dos Mathematicos, subindo das proposições simples até ao conhecimento das verdades mais complicadas do systema Pateal. Buffon achou que os angulos entrantes, e salientes dos montes, e que os bancos de crostaceos, e testaceos parallelos ao horisonte, erão signaes de que estivera alli, hum destes annos atrás, o mar Oceano, e que se fôra embora sem ninguem o mandar. Eu achei, que os mesmos respeitaveis authores das Peças de Theatro erão os verdadeiros, e unicos motores da Pateada rival! Que espantoso descobrimento! Buffon, o protentoso Buflon, depois de muitas observações, vigilias, e trabalhos, veio a concluir, que hum dente queixal muito grande, achado na Siberia, era de huma besta muito grande, e que a raça destas bestas estava extincta, pois se não encontra o análogo viven-

F

te! Raça de bestas grandes extincta!!!
Ah Buffon, Buffon, aqui te enganárão os teus principios Mathematicos!
Tu disseste isto, porque nunca viste humas estribarias que ha, chamadas Theatros! Paciencia, eu he que as vi, e nas minhas investigações sobre a Pateada rival, eu posso dizer, com o ternissimo Propercio,

Cedite Romani scriptores, cedite Graii;
Nescio quid maius nascitur Iliade!

O genio dos Cómicos transplanta-se todo na alma barrenta dos authores dramaticos. Huns, e outros são substancias homogenias, que se unem sympaticamente, huns parecem outros, e todos parecem huns. Depois de observado o gosto dominante no vulgo, que he presentemente o gosto do sentimental sublime; depois de bem observadas, e estudadas as *carácteristicas* dos Cómicos, e das Cómicas; vista, e examinada de perto a escóla da declamação que elles, e ellas tem adoptado, que vem a ser assim huma cousa por modo de cantochão Ambrosiano, com hum compasso tão igual, e uniforme, como as nóras de Chellas, sempre na mesma corda coral; porque tão vivamente falla o que representa hum doente de pulmonia, como hum tyranno dominado do prurito de avassalar a terra; o author dramatico começa as suas tarefas não perdendo jámais de vista o Cómico, ou Cómica para quem obra, e trabalha. De sorte, que em nossos Theatros anda o Mundo ás avessas, ou os chouriços atrás dos cães: em lugar dos Cómicos estudarem para representar bem o que os authores fazem, os authores he que devem compôr o que cada hum dos Cómicos, e cada huma das Cómicas quer fazer, ou he capaz de fazer. Tem pois o author encommenda de huma Peça sentimental para hum beneficio; se a acção for militar, melhor, porque a 1.ª scena deve romper por huma symfonia de Zabumba, adiante de hum batalhão de carpinteiros, e calafates todos vestidos de durante roxo já velho, verdadeira imagem da Procissão do Barreiro; toda esta cangalhada deve andar tres bons quartos de hora á roda dos bastidores, e o Zabumba a consumir de todo os pacientissimos espectadores. A primeira Actriz, que he a beneficiada, pede ao author. = *Que, sem Catharina ser, Catharina a faça* — já se sabe que Catharina seja, a Catharina do Norte, (Deos toque no coração a seu Neto, que nos livre por huma vez de Bonaparte!) Ahi temos a paz de Pruth. Quem deve apparecer primeiro, he a Catharininha pequena, que acompanhada de dous membrudos mandriões, que nem para fazerem de lacaios theatraes tem geito, vem passar revista ás tropas; os dous, hum se ha de chamar Mensicof, outro Potenkim Escaralof. A Imperatriz, muito cheia de Habitos de Aguias de todas as côres, demora-se muito em perguntar ao General Escaralof, quem sejão aquelles soldados que alli estão sempre a cavallo com a etapa de carne debaixo do selim do cavallo, e cada hum com seu mólho de cenouras, e hum punhado de farinha muito negra; e elles muito enlambuzados, e muito sujos, com caras de arremetter: o Escaralof lhe diz, que saberá S. Magestade Imperial de todas as Russias, que aquelles são os valentes Cosacos, que todos sabem latim, e tem pintado, por elles, nas suas mochilas hum cavallo, com a legenda tirada de Lucio Floro no capitulo *De bello Cimbrico*, que diz — *Numquam retrorsum:* Nada de trás, diz o Potenkim para a Imperatriz, contra a opinião do Principe de Repenim. A Imperatriz marcha ao som do Zabumba, que nunca se cala, e vai correndo as duas filas dos homens de durante toxo. No meio da scena está hum grande caldeirão, muito negro, com dous vintens de achas por baixo; a Imperatriz com hum chicotinho na mão, segundo a moda, pergunta outra vez ao Escaralof, que diabo de caldeirão he aquelle tamanho, e tão negro; se acaso se vai dar crena a alguma Nào S. Nicoláo no dique de Cronstad?. O Escaraiof lhe torna, que he o rancho dos Caçadores de Arcangel: a Imperatriz então, pela sua mão, pega em hum colherão com hum rabo muito comprido, e muito grosso, (houve grandes duvidas entre os Cómicos, se devia ser colherão, ou escumadeira) prova ella mesma pela sua boca do rancho, e como não tinha reparado bem, escaldu-se com hum taçalho de carne muito quente, e deitou-o fôra, dizendo, que o môlho era bom, e que se consolara, e que estimava muito, que o rancheiro da companhia tambem temperasse o caldeirão. Esta scena, como encerrava em si hum rasgo tão sentimental, e huma lição de moral tão pura, excitou o applauso universal do povo, que a bateo a *outrance*, como dizem os Investigadores; e o Zabumba sem se calar, e de cada parte da scena duas bandeirinhas brancas muito pequeninas, cada huma dellas com sua Aguia negra pintada, e cada Aguia com suas duas cabeças, as bandeirinhas ambas abatidas, porque estava alli a Imperatriz. Depois de ter provado do môlho, e carne do rancho, a mesma Imperatriz vem alimpando a boca ao fim da scena com o Potenkim, e o Escaralof, que parecem dous Guardas barreiras, e diz: — A estrada para Bizancio está aberta, a Criméa he minha, trabalhai pela Natolia, trabalhai pela Romélia, pela Moldavia, pela Valaquia, batei aquelle desavergonhado Pasvan Oglov, (eis-aqui como sabem das cousas os authores dramáticos, e que parvoices estas na boca da immortal Catharina!) O povo, tanto que ouve fallar no Pasvan Oglov, como se fosse do tempo de Catharina, clamou, pela voz de hum Capellista, muito visto, e entendedor de Peças theatraes, e exclamou: — Que rasgo! Se isto he daquelle homem! A Catharina de cá, que ouvio isto, fez sua cortezia para o Capellista, e talvez que no outro dia lhe fosse da loja hum vestido de Filó fiado, que ainda se não pagaria! A Actriz tinha encommendado ao author, que sempre queria estar em scena, que visse lá como se avinha, que a não tirasse da scena, sobpena de quebrarem a amizade. Mais depressa irá Bonaparte com a falla ao buxo sobre os Decretos de Berlim, e Milão, do que se revoguem as ordens dadas por huma primeira Actriz a hum Genio, que escreve para o Theatro. A Catharina não se tira da scena, porque os bravos fervem, as palmadas soão, os vivas retinem. Como he cousa muito sentimental em Peças militares, depois que nós suffocárão aqui como o diluvio dos Fredericos, ir a arcabuzar hum soldado, que, ou estando de piquete, dormio, ou accendeo luz na barraca para comer huma açorda, e no instante de ir a arcabuzar, e estar já de trapinho nos olhos, tambem seja

F 4

muito sentimental descobrir-se que he mulher, que tendo andado na Universidade de Leide fugio ao pai, e assentou praça; ou vir a amante do tal soldado deitar-se aos pés, ou da Catharina, ou do Frederico, ou do Duque de Borgonha, ou do Quartel-Mestre do Regimento, pedir que perdoe ao seu amante; o author, para mais exaltar as virtudes Imperiaes da sua Catharina, introduz hum soldado arcabuzado, o qual vem á presença de Catharina quando sahe do calabouço, (este facto não he fingido, como alguns desta novella) o qual, para fazer a scena malditamente sentimental, mostra hum heroismo superior ao de Charette, Chefe dos Chouans, quando hia em cima do carro para o bairro da fuzilaria; e diz que elle não teme a morte, que era na verdade hum pedaço de hum ladrão, mas que muito que elle se expozesse á morte por hum rublo, quando todos os dias se expunha a ella por vinte e cinco réis, e que só pedia o perdão, e a graça para hum seu companheiro com quem vivia na mais estreita alliança, e amizade; que com elle comia no mesmo prato, que com elle chorava, ou se alegrava, quando o via triste, ou contente; e de quem tinha sempre recebido os maiores beneficios; pois era de hum coração não só terno, mas o mais generoso, e politico, que havia em todo o exercito. A Catharina, empenhada da curiosidade, lhe pergunta, quem era aquelle seu camarada, companheiro, e amigo, por quem tão vivamente se interessava, que desprezando a sua propria vida, só queria a existencia daquelle ente bemfazejo? O soldado então tomando folêgo e mais desassombrado, como quem tinha recobrado animo com a efficaz pergunta da Imperatriz, lhe tornou: Pois, Senhora, este tão meu cordial amigo com quem como, e com quem bebo, he o meu cavallo..... Orà o caso era o mais sentimental que se tem imaginado, e se se representasse naquelles aureos dias em que o nosso Theatro chegou ao seu possivel ponto de perfeição, arrancaria lagrimas de todos os olhos, mas succedeo vir nestes ferreos tempos de corações ferrenhos, e empedernidos, apezar da sua intrinseca força sentimental, na mesma presença de Catharina, de Poteukim, do Repenim, e do Escaralof, levou huma roda de

páo, ou tão tremenda Pateada, que
hia tomando seus visos de Pateada real,
de que o destino livre os bancos da
Platéa, e os ouvidos das pessoas socegadas, pedindo-se fervorosamente ao
Ceo, que não vá aos ouvidos de algum
feroz Passamaneiro, ou se acontecer
ir, que não queira o Boticario emprestar a mão do almofariz! A Imperatriz
perdoou ao soldado por amor do cavallo, e ao cavallo, tendo já o concelho de guerra fechado as suas sessões,
por amor do soldado. Em contemplação da primeira Actriz beneficiada,
deixou-se (por esta vez sómente) ir em
paz até ao fim a Paz de Pruth; acabou-se a Peça, até que a Actriz se
empertigou muito para diante, e disse
ao meritissimo auditorio:

Acabei de fallar, sou outra agora;
Leis ao caracter meu alli mandavão
Que sem Catharina ser, Catharina fosse
Que a todos desse, &........

E então que he feito da Pateada rival!
Ah, meu amigo, V. m. tem pressa,
esperé, que até ao lavar dos cestos he
vindima. Havia hum Poeta dramatico,

levado de seiscentos diabos, que tinha composto hum formidavel, e tambem bellico drama, intitulado — O Cirio da Ameixoeira. — O maior drama q se tem visto, era de sete actos, o scenario era todo novo, e adaptado ao caracter; o vestuario era riquissimo, tinha-se feito huma jaqueta nova de bombazina para o gaiteiro, o tambor dos rufos levava humas calças de brim, rematadas com sua corrente de ferro, que lhe abroxava a perna quasi por cima do artelho. As duas bandeiras do Cirio erão novas. (O' tu salão dos Trofeos no Palacio das Victorias, tu possues estes dous illustres monumentos do valor do Gironda. As Aguias, que vierão beber ao Tejo; e do Tejo forão mandadas beber outra vez ao Sena, te fizerão este rico presente, o mais illustre dos teus timbres!) Em fim, tudo era rico em o drama; e em huma nota scenaria, dizia o author: Aqui se alugarão todos os burros da Praça da Figueira, que virão a passo grave entrando na scena, para mostrarem a circunspeção, e ordem com que hia marchando o Cirio, cada romeiro em seu burrinho, e cada romeira em sua burrinha, no momento do ataque. As guardas avançadas do exercito do *Imperádor* apparecião pelas alturas da Serra de Monte junto, e estavão paradas em acção de observarem os movimentos do inimigo. A artilheria de montanha estava emboscada em o grande pinhal da Abrigada; os *Voltigeurs* corrião das alturas de Alenquer, para picarem o flanco direito do triste Cirio. O Maneta vinha a marchas forçadas do Pezo da Regoa, onde lhe ficou a bagagem, a formar o grande corpo de reserva. Tinha o author estabelecido os grandes depositos de viveres em Olhalvo, e Espinhaço de cão. Nas planices de Villa nova acampavão 50 batalhões de infanteria, para cobrirem a retirada no caso de haver alguma compra no grosso do exercito destinado para o ataque. Nunca se vio, meu amigo, Peça mais bem *scénejada*, o homem tinha hum tacto fino em materias de scena, e a Peça tinha sido plena, e cabalmente aprovada pela sociedade. O primeiro Galã acceitou com muito gosto a parte de Juiz do Cirio. Como o gaiteiro morria, e era lance sentimental, houve grandes empenhos para esta parte. O Prégador tambem morria, e deo-se a parte a hum Cómico grande gritador; erão as duas mortes unicas acontecidas na batalha: porém como a Gazeta do Lagarde tinha dito, que o Prégador tinha morrido junto do gaiteiro, é isto fosse huma mentira, porque o gaiteiro do Cirio sempre vai adiante, e o Prégador vai no estado maior do mesmo Cirio, e vós sabeis, meu amigo, as grandes razões que eu tenho para saber isto, fazia-se na Peça morrer o Prégador á fome, porque o Cirio era dos mais miseraveis que vão em Agosto á Ameixoeira. Tudo estava prompto, e a Peça ensaiada, e quasi a metter-se em scena no ensaio geral: O author da Paz de Pruth, que era hum rival irreconciliavel do author do Cirio da Ameixoeira, e era outrosim mais cabido, e mettido com os Cómicos, começou de intrigar de tal maneira, que houve huma revolta, e divisão geral entre todos os Cómicos, de sorte, que crescendo os mexericos, entrando, e sahindo as mexeriqueiras todos os dias, como se observava pelo Diario, chegou a cousa a ponto de não haver forças humanas que reduzissem dois Cómicos, hum a ser *Thomiers*, o outro o Principe de *Salm-Salm*.

Primus ille dies Lethi, primusque malorum Causa fuit........

Entrárão-se os animos a remexer; pois eu, disse hum, não estou para ser o ladrão do Kelerman: nem eu, disse outro, estou para ser o beatinho do Travot, que he hum pedaço de hum maroto; pois eu, clamou outro, não quero ser chefe do estado maior, só para não fazer de Thiebaud, que he huma harpia. Hum lacaio do Theatro, a quem tinhão dado a parte de Jufre, disse á bôca cheia, que não queria, que lá não havia Paineis que furtar, e que em fim não estava para isso. Foi tal a baralhada, tanta a grazinação naquelles diabos, que o author ardido sahio da casa dos ensaios com a Peça na mão, dizendo ao povo: — A Peça não vai. — Mas elle bem sabia donde lhe vinha a pedrada, e logo lhe jurou pela pelle, que lho havia de pagar. Chegou-lhe a occasião de molhar a sopa no mel, porque pescou que hia em beneficio á desastrada Paz de Pruth. O author tão vergonhosa, como injustamente excluido, tinha alguns amigos, e todos elles boas folhas; o conloio formou-se; houve, segundo o costume, largas, e debatidas sessões, e o *complot* chegou á sua perfeita maturidade; já se refizerão como pudérão de bilhetes, que para isso sempre ha; a cousa transpirou por alguns botequins conhecidos; do Café do deserto sahirão quatro amigos, que entre ós Canones fundamentaes da sua *Cótteria*, tinhão, á unanimidade de votos, estabelecido hum, pelo qual se determinava, patear tudo a eito, e a esmo sem excepção de pessoas, ou classes; viesse-se embora do mais nebuloso septentrião huma banda Histriôa, para nos fazer vêr huma enfermaria de frenéticos; a esta mesma se devia dar a salva real estabelecida de vinte e hum tiros da pateada redonda; estes quatro amigos, por devoção, forão essa noite chimpar-se bem no meio da platéa, e porque a hum delles esqueceo o bordão, e era já tarde para ir ao adro do Loreto aos carrasquinhos, e a necessidade urgia, vio dentro de hum barril á porta de hum droguista hum tóro de páo de campeche, de pezo de trinta e oito libras, comprou-o, e levou-o comsigo, que por certo não ficava devendo nada ao badalo do almofariz, que levára o Passamaneiro na Pateada real. Eu que desejava ver romper o tratado da Paz de Pruth na platéa, dei-lá comigo, bem alheio de cuidar que adquiriria hum plenissimo conhecimento da Pateada rival. He verdade, que eu estranhei a calma plateal, em quanto durou a Peça, que só foi interrompida no lance sentimental do cavallo, por hum daquelles repentinos golpes, que se chama Pateada de tufão, que (sem dizer agua vai, e em plena tranquillidade dos mares da China, e sem haver lugar, como diz o Principe de todos os Poetas havidos, e por haver, no livro 6.º das Pandéctas das suas Lusiadas, titulo 109, para o mestre clamar:

Amaina, amaina, diz, que o vento cresce
Daquella nuvem negra, que apparece)

repentinamente préga hum estoiro, que mette tudo no fundo. Com effeito, a Peça com alguns rumores surdos tinha ferrado no porto, como lá cantou certo Poeta.

Desde que o Luso no teu porto aferra.

e a cousa estava já ao atar das feridas, e os conspiradores promptos com o Bruto á frente, não esperavão mais que os Idos de Março, e que Cezar viesse entrando as portas do Senado. A cousa era bem calculada, as medidas prudentissimamente tomadas, e o rival supplantado o que queria era pilhar só na seena a tal primeira Actriz, para lha assentar nas honradas bochechas, cousa muito desdoirante, não só para ella, porque bebia os ventos de presumpção, mas para o author da Peça, que se tinha esmerado em lhe fazer hum epilogo, que arrombasse tudo! Vêde quanto he fina a politica de hum rival pateante! A' Peça nada, porque podia ser traducção de Cañisares, de Quintana, de Federice, e ainda mesmo de Moliere, e desculpar-se, que se a Peça tinha defeitos, que desafiassem ao menos a Pateada simples, não erão delle traductor, mas sim do original. A Pateada devia ser a cousa da propria lavra do author, de maneira, que elle não podesse pernear, e por isto se guardou para o epilogo, e apenas a infeliz, que não era Cathariná, mas de trajes tão barlaventeiros, que parecia huma dançarina de corda, disse:

Não vos posso dar mais dou quanto posso E peço a todos, &c........

o tal amigo do páo de campeche, não fez mais que deixallo cahir no chão: foi o Almirante Vernon com sua primeira bomba no Molhe de Cartagena, ou o impavido Rodney espatifando Crillon na zanguinha de Gibraltar. O rival, e companhia, não attentárão que o golpe de campeche era o trovão primeiro da Pateada, deixou acabar o verso á Actriz, que era o ultimo, e o mais gostoso para ella, como universalmente se dizia; e quando a mulher se hia dispondo para receber o tal applauso, agora o vereis, era mesmo Pateada de escarneo, e a mais sensivel para pessoas daquelle caracter; não batião rijo, erão humas picadinhas ao principio miudas, aos saltinhos, e compassadas; e como os pannos, tanto o de talão, como o da boca tinhão vindo abaixo, a mulhersinha azaranzada deo a popa querendo tornar para traz, mas deo com as ventas no panno, e como unia muito, não acertou com as orças das ilhargas, e estava alli como encalada, a empurrar o panno inexoravel, e de costas para a platéa a malhar: de riso cahirão a todos os bordões da mão; só o do campeche não largou o seu, pegou-lhe às mãos ambas, e batia; e o povo já farto de rir, de vêr a Actriz como grudada, sem atinar com a sahida, nem virar cára ao inimigo, desembesta com huma assobiada, que.. seja pelo amor de Deos! Veio hum comparsa puxar por hum braço à mulher, que já não dava acordo de si, e como não mexia, nem com pé, nem com mão, pegou nella ás costas, assim como em hum coiro de toucinho de Filadelfia, e abalou para dentro. Assim fugia de Troia o piedoso Eneas com o pai escanchado no cachaço, como o pinta com muita graça o grande Virgilio! O que mais se passou naquella escommungada noite, de risadas, de folias, e tangeres pela platéa,.

Melhor he exprimentallo que julgallo;
Mas julgue-o quem não póde exprimentallo.

Ora, meu amigo, para memoria basta; eu posso dizer como o Lirico Romano, transformado em ganço — *Exegi monumentum œre perennius*. — He verdade que não he hum Tratado completo das Pateadas, mas Leibnitz não fez mais nos seus seis volumes de grande folio das suas memorias para a Historia da casa de Brunswik, e mais fiz ainda que Boileau, e Racine, determinados Historiografos de Luiz XIV., que comêrão o dinheiro, e não apparecêrão com meia folha de papel escrito. Eu descobri hum novo mundo, e se o não conquistei todo, abri as portas para os vindouros conquistadores. O grande Pascal juntou pensamentos para o grande Tratado, que ainda se espera, e esperará, do conhecimento do homem. Hum naturalista, que emprega as vigilias de dez annos em observar hum carrapateiro, abre huma vareda brilhante, e interminavel, para os naturalistas seus successores haverem grandes fructos de huma seára inteira de carrapateiros. Será facil acrescentar alguma cousa ao já achado. O beneficio, ou serviço que eu faço a toda a humanidade em geral, he grande, he nobre, he utilissimo! A Pateada era ouvida, mas não era sabida, nem comprehendida, agoa já poderá o Filosofo, o Politico, o Economista segui-la em todas as suas ramificações! Eu prometto, com o grande Quintiliano — *Post impetratam studiis meis quietemque erudiendæ juventuti per viginti annos impenderam* — Depois de eu Mendes alcançar socego, e repouso nas guerras, que ha tantos annos sustento contra toda a qualidade de Papelões Grégos, Bachareis de todas as castas, Criticos, Novelleiros politicos de botequins, Poetas, e Prosadores das duzias, ou do Inferno; então no ócio das Musas, e no Gabinete das Graças, cómicos, e authores de Theatro, eu vos irei solidamente ao fole, eu vos saltarei no galinheiro, eu vos irei ao faval, eu vos chegarei a roupa ao coiro, eu vos farei o cabello castanho.

E tu, ó povo, ó Juiz sempre inteiro, perante o qual nenhum Pedantão theatral he, ou póde ser defendido, nem por Lucio Crasso, nem por Marco Antonio; tu, ó povo, que por instincto indestructivel, aplaudes sempre o que he bom, e escangalhas o que he máo, eu to peço, pelas minhas veneráveis cãns, pela armação triangular do meu chapéo, pela minha negra, e sempre lugubre casaca, eu te peço pelas minhas vigilias, pelas honradas cicatrizes daquellas venenosas feridas, que tenho levado pela defensa, e conservação do bom gosto literario, profanado por quatro pedintes, e pela ancia com que tenho procurado desterrar os abusos, e erros tão bastos neste seculo em Poesia, e Prosa, com que nos tem querido chafurdar em hum monturo de parvoices literarias; eu te peço, ó povo, que em tu pilhando disparate no Theatro, em lombrigando Preta de talentos, Palafozada, paz, e vassoiras de Pruth, assaltes o theatro com Pateadas: não arreies, aqui estou eu, olha que esta mão, que he capaz de suster huma penna desde pela manhã até á noite, tambem he capaz de esgrimir huma caxeira desde á noite até pela manhã, aqui estóu eu, conta com o teu maior amigo; purguemos o Theatro, assim como elle deve servir para purgar as paixões. Mostrar-lhe as regras, lembrar os preceitos da arte áquella salsada, he deitar perolas a porcos. São huns entes como petrificados, nada entendem, não dão pela corda, não sahem á espora, e nada aproveita nelles a doutrina, o exemplo, a critica. A experiencia he a melhor mestra. Peça em scena? Vamos a ella. Façamos huma concordata, ó Povo, eu te fallo na fórma, e *diplomaticamente*. Pateada, e mais Pateada, e em quanto não apparecerem Peças boas, originaes, ou traduzidas (e por boa mão) regulares, honestas, decentes, que instruão deleitando, que as possa vêr o homem de bem, a matrona grave, a donzella honesta, o Pai de familias motigerado, o mancebo curioso, o Poeta sensato, o Magistrado circunspecto, o estrangeiro sisudo, declara-te, ó povo, *guerra eterna aos chamados abrilhantadores*. Pateada com elles, Pateada, e mais Pateada, e perdoa a limitação.

F I M.

LISBOA: 1825,
NA IMPRES. DE JOÃO NUNES ESTEVES.

Com licença da Meza do Desembargo do Paço.

CPSIA information can be obtained
at www.ICGtesting.com
Printed in the USA
BVHW041042140219
540291BV00007B/64/P